どの子も笑顔で居られるために

学童保育と家族支援

下浦忠治［著］

二度とこない子ども時代に、いきいきとした生活を保障していくこと、そのためには学童保育指導員として何が求められているのか?!

どの子も笑顔で居られるために。

そこが知りたい
学童保育ブックレットシリーズ

高文研

はじめに

学童保育指導員として働き続けた三五年間。この三五年の流れの中で出逢い、寄り添った子どもたちの中には、厳しい生活環境の中で暮らしていた子どもたちが何人もいました。

母親が失踪し祖母と暮らす子、経済的困難から母親が長時間勤務するあいだ一人でテレビと過ごしていた子、児童養護施設から家庭復帰してきた子、母子生活支援施設で暮らしていた子、それぞれに親の人生を感じ取りながら生きていました。

「親子が抱える様々な困難」は今に始まったことではなく、どの時代にもありました。

学童保育指導員として働くなかでいつも意識していたのは、暮らしぶりが厳しくても「不幸ではない」と言える「人と人とのつながり」を紡いでいければということでした。

もともと、児童養護施設職員になりたいと思っていた私の最初の配属先が当時母子寮といわれた施設に隣接する学童保育所だったというのも、人生の縁だったのかも知れません。

その母子寮の子どもも含め、勤務する学童保育所はひとり親家庭が三〇％という状況でした。だから、二〇代前半の若年指導員でありながら、学童保育は親をも支える事業であるという意識がいやが上にも染みこんでいったのです。

私自身も、幼児期から高校卒業まで極めて厳しい経済的困難家庭で暮らしていました。火事にあって多額の借金を背負ってしまった両親は、大阪で必死に働いていましたが、六畳一間暮らし（共同炊事場・共同トイレ）から抜け出すことができませんでした。共働きで得たお金は、借金返済に消えていっていたのです。子ども時代、家族旅行など夢の夢でした。しかし、「この家族どうなっていくんだろう？」との不安は子ども心にあったものの、孤立感・不幸感はまったくありませんでした。なぜなら、「また明日ね！」と言い合える遊び仲間がたくさん居たからです。水雷艦長*・悪漢探偵（どろけい）・手打ち野球・ひまわり*・コマ鬼*等々晴れている限り陽が沈むまで校庭や空き地で遊び込んでいました。その記憶と思いは、その後の人生に大きく影響し、学童保育指導員という職業選択になったかなと思っています。

こうした経験からも、家庭でいろいろあったとしても、子どもが笑顔で暮らせるためには何が大切にされればいいのか、人の笑顔を引き出す人間関係とはどういう関係なのかを考えるようになりました。

とりわけ、今日の子どもたちが置かれた環境のなかで、二度とこない子ども時代に、いきいきとした生活を保障していくには、学童保育指導員として何が求められているのかを綴り、伝えていきたいと思いました。

＊　＊　＊

二〇一五年三月に厚生労働省から出された「放課後児童クラブ運営指針」第一章三（二）には「放課後児童クラブは、常に保護者と密接な連携をとり、放課後児童クラブにおける子どもの様子を日常的に保護者に伝え、子どもに関する情報を家庭と放課後児童クラブで共有することにより、保護者が安心して子どもを育て、子育てと仕事等を両立できるように支援することが必要である。また、子ども自身への支援と同時に、学校等の関係機関と連携することにより、子どもの生活の基盤である家庭での養育を支援することも必要である」と記されました。

あらためて、「家庭での養育を支援する」とは、何をすることなのでしょうか？

学童保育の現場で何ができるのでしょうか？

多くの方から後押しされて、ここにあらためて、これまで研修の場や『日本の学童ほいく』誌で語り綴ってきたことをまとめさせていただきました。

この小著が、人が支え合うってどういうことなのかを考えるひとつの機会になれば幸いです。

＊水雷艦長：戦争を想起させる名前なので、私は「人間サッカー」と名付けて子どもたちに伝えていました。二チームに分かれ、それぞれのチームにキーパー（艦長）一人・攻め（水雷）五人以上・守り（駆逐艦）五人以上の役割を割り振り、艦長は敵の駆逐艦を、駆逐艦は敵の水雷を、水雷は敵の艦長を倒す（タッチする）ことができるというゲーム。艦長がタッチされれば負け。戦前から昭和四〇年頃まで盛んに遊ばれた外遊びでした。今でも広い校庭や公園で走り回れる集団遊びで、三つの役割は三色のはちまきで分けます。

＊ひまわり：Sケンに似た遊びで、二チーム（外組と内組）に分かれ、外組のチームが内組の宝を奪い

にいく集団遊び。互いにラインを越えたらアウトになるので、相手チームを減らすために押し出したり引っ張り込んだりして戦いながら、宝を奪いにいきます。私は、校庭にラインを描いて遊んでいました。

＊こま鬼：手のひらでコマを回し（手のせ）、回っている間だけ逃げたり、追いかけたりできる鬼ごっこ。

◇文中出てくる子どもの名前は、すべて仮名です。
◇文中の写真は、すべて本文とは無関係です。

目次

イラスト・装丁　妹尾浩也（iwor）

【「障害」「指導員」「支援員」の表記について】

＊「障害」の表記については、悩ましいところではありますが、本書では、法律上使われている「障害」を使用します。

＊「子ども・子育て支援新制度」の実施により、「放課後児童支援員」（「支援員」）の配置が義務づけられ、私たちの長年の願いであった指導員の資格制度が誕生しました。保育士などを含む九項目の要件のうちのいずれかを備えている者が、二〇一五年四月から五年の間に都道府県が実施する「放課後児童支援員都道府県認定資格研修」を修了すると得られる資格です。「放課後児童支援員」を補助する者を「補助員」とし、これらを総称して「放課後児童支援員等」と表現されるようになりました。

本書では、「保育に関わる人」を指す場合は「指導員」と表記します。認定資格研修の受講の有無、正職員、パート、アルバイト等の働き方に関わらず、放課後の子どもたちの生活と成長に関わるすべての人を総称として「指導員」と表記し、プロとして、子どもや保護者に関わっていただくことを願っています。制度上の資格や、主任支援員などの役職を限定する場合には、「支援員」と表記します。

（編著者）

第1章

見えにくい子どもの貧困が見えてきた

1. ゆたかに見える社会で、この実態

もう五〇年以上前、東京オリンピックが開催された翌一九六五年、時の政府は「戦後の貧困は終わった」と宣言、それ以降貧困率等のデータは調査されていたものの報道されずにきました。

今日の相対的貧困率が報道されたのは二〇〇九年のことです。二〇〇六年には東京日比谷公園に「年越し派遣村」が設営されるなど、全国で「派遣切り」が吹き荒れた時代でした。

こうした中で、子育て世帯にまなざしを向けた有識者が世に向けて発信し始めたのが二〇〇八年。『子どもの貧困』（阿部彩著、岩波新書、二〇〇八年）、『子どもの貧困白書』（湯浅直美他著、明石書店、二〇〇九年）が発刊され、子育て世帯の厳しい実態が示されました。

離婚等に伴うひとり親家庭の増加[*1]（八割が離婚）、非正規職の拡大[*2]、所得の格差拡大、就学援助申請の増加[*3]という実態が浮かび上がってきたのです。配偶者控除の収入限度額で働いていた母親や幼い子どもを抱えた母親が離婚後、正規職を得ようとしてもなかなか難しく、その結果ひとり親家庭の相対的貧困率[*4]は極めて高く五四・六％（ＯＥＣＤ加盟国の中で五〇％を超えるのは日本だけ）という数値を示しています（平成二五〈二〇一三〉年国民生活基礎調査の概況より）。三〇歳台の親の中には奨学金返済を抱えているケースもあり、離婚に伴う養育費についても受け取っている母親は一九・六％

(二〇一一年度。二〇一六年度で二四・三%)というのが実情です。四〇歳台だと自分の親の介護問題を抱える人もいます。

養育費不払い問題については、日本でも長年指摘され続けてはいますが、なかなか進展がありません。例えば、隣の韓国では、協議離婚時に養育費に関する協議書を裁判所に提出することになっており、二回以上不払いが続くと給与から天引きできる仕組みができています。アメリカでも養育費請求権の譲渡を受けて州政府が給与天引きで徴収しています。アメリカ、イギリスでは徴収を拒んだりしたら運転免許の停止や没収という制裁まで決めているのです。残念ながら日本では、そういう養育費徴収の仕組みづくりができていません。

また生活保護受給についても、平成二七(二〇一五)年度厚生労働省のデータによれば、母子家庭(親族同居なし)八二万世帯の内、生活保護を受給しているのはおよそ一一万世帯(一三・三%)にとどまっています。働いていても生活費に所得が届かない場合は不足分を受給できるのですが、申請すると、「扶養照会」といって親族や元夫に援助できないか問い合わせされるため、親族に心配をかけたくないとの思いから申請を控えてしまう人も多いのです。また、生活保護を受給すると、貯金ができません。資産調査された段階で、一〇万円以上の貯金があればまずは貯金から使ってくださいと言われてしまいます。

このように、日本の貧困問題の背景にはいろいろな問題があるのですが、その根っこの問題として、女性の稼働所得が低いうえに、所得再分配後の所得も低いのが特徴と言われています。[*5] ちな

要保護および準要保護児童生徒数の推移（H7～27）

●平成27年度要保護および準要保護児童生徒数（就学援助対象人数）は、1,466,134人（対前年度▲29,351人）で4年連続減少。
●平成27年度就学援助率は、15.23%（対前年度▲0.15ポイント）で3年連続減少
●就学援助対象人数の主な減少要員として、「児童生徒数全体の減少」に加え、「経済状況の変化」と回答した市町村が多い。

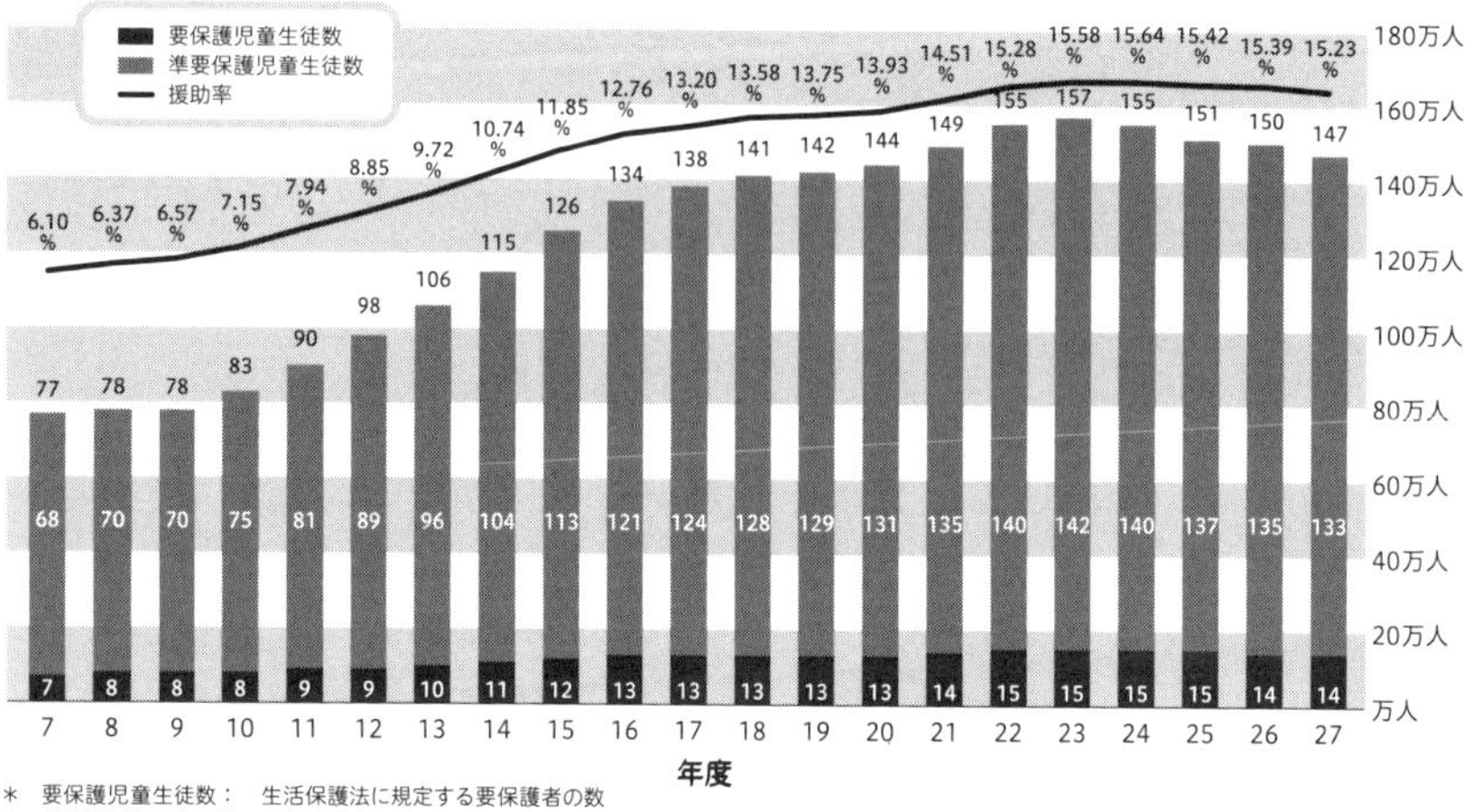

＊　要保護児童生徒数：　生活保護法に規定する要保護者の数
＊　準要保護児童生徒数：要保護児童生徒に准ずるものとして、市町村教育委員会がそれぞれの基準に基づき認定した者の数　　（文部科学省調べ）

みに母子世帯およそ一二三万世帯の母親は八一％が就労し、四七％が非正規という状況です（平成二三〈二〇一一〉年度全国母子世帯調査より）。

塾や習い事に行きたくても行けない、食卓を家族揃って囲むこともない、学校や学童保育での出来事を聴いてもらう時間もない、親が夜も働かなければ暮らせない、病気しても医者にかかれない。旅行なんて夢の夢。一見豊かに見える今の日本で、こうした子どもたちはどれぐらいいるのでしょうか。

二〇一七年六月に「子どもの相対的貧困率」が三年ぶりに公表されました（国民生活基礎調査）。子どもの貧困率というのは、可処分所得（手取り収入）の中央値[*6]の半分を下回る世帯で暮らす一八歳未満の子どもの割合を指しますが、発表によれば二〇一五年度

で一三・九％。二〇一二年度と比べると二・四％低くなったとは言え、依然七人に一人の割合です（二〇一六年度では、六人に一人と言われていました）。

国民生活基礎調査では、二〇一二年当時、ひとり親家庭（子ども一人）の「貧困ライン」を年間所得一七三万円、ひと月一五万円を下る生活を余儀なくされている状況と公表しました。これで家賃・電気・ガス・水道・食費・携帯代金・医療費等々をまかなっていくのですから、貯蓄はおろか、旅行や塾、習い事などには出費できず、子どもを育てながらの生活は切り詰めざるをえません。浴槽に水を貯めてガスで沸かすというだけでも、家計と相談しながらの生活になるのです。食卓に並ぶおかずの品数も違ってきます。

経済的困難はお金だけの話にとどまりません。経済的にきついと、人との関係においても財布と相談し、つきあう関係をせばめ、孤立化していく傾向が出てきます。精神的・時間的ゆとりがなくなるなか、鬱症状を発症。その結果子どもに向き合うエネルギーも失せ、養育困難に陥っていく構図は、児童相談所にかかるケースに見られるひとつの傾向です。

＊1・2　二〇一六度全国ひとり親世帯調査より
母子世帯就業状況　パート・アルバイトが四三・八％（二〇一一年度調査では四七・四％）
＊3　就学援助対象人数と援助率（14ページグラフ参照）
二〇一一（平成二三）年度まで毎年増加し続けていました。二〇一一（平成二三）年度一五七万人（一五・五八％）

二〇一五（平成二七）年度一四七万人（一五・二三％）

＊4　相対的貧困率

ある社会や国の人口全体のなかで、貧困と定義される人口が占める比率を言います。最低必要な栄養も取れない「絶対的貧困」と違い、所得水準において、貧困ラインを下回る人口の比率を貧困率としています。

＊5　所得再分配後の所得

生活保護費や、一年に三回支給される児童扶養手当などの社会保障費を含めた所得。

＊6　可処分所得の中央値

実際に使えるお金の中央の値（あたい）。中央値とは、データを大きさの順に並べたとき、全体の真ん中の値をいう。

一般的には、平均値より小さく「普通の人」の値に近いものとなることが多い。

2. 不利の雪だるま

親の経済的困難は、子どもの生活に少なからず暗い影を落としていきます。もちろん、誰もがみんなそうなっていくということではありませんが、不利に不利が重なっていく構図は窺い知ることができます。親が一生懸命働いても賃金は上がらず、本人が望んでも正規職員になれず、所得が増えていかない、この構図はその個人の責任ではなく社会の仕組みの問題です。

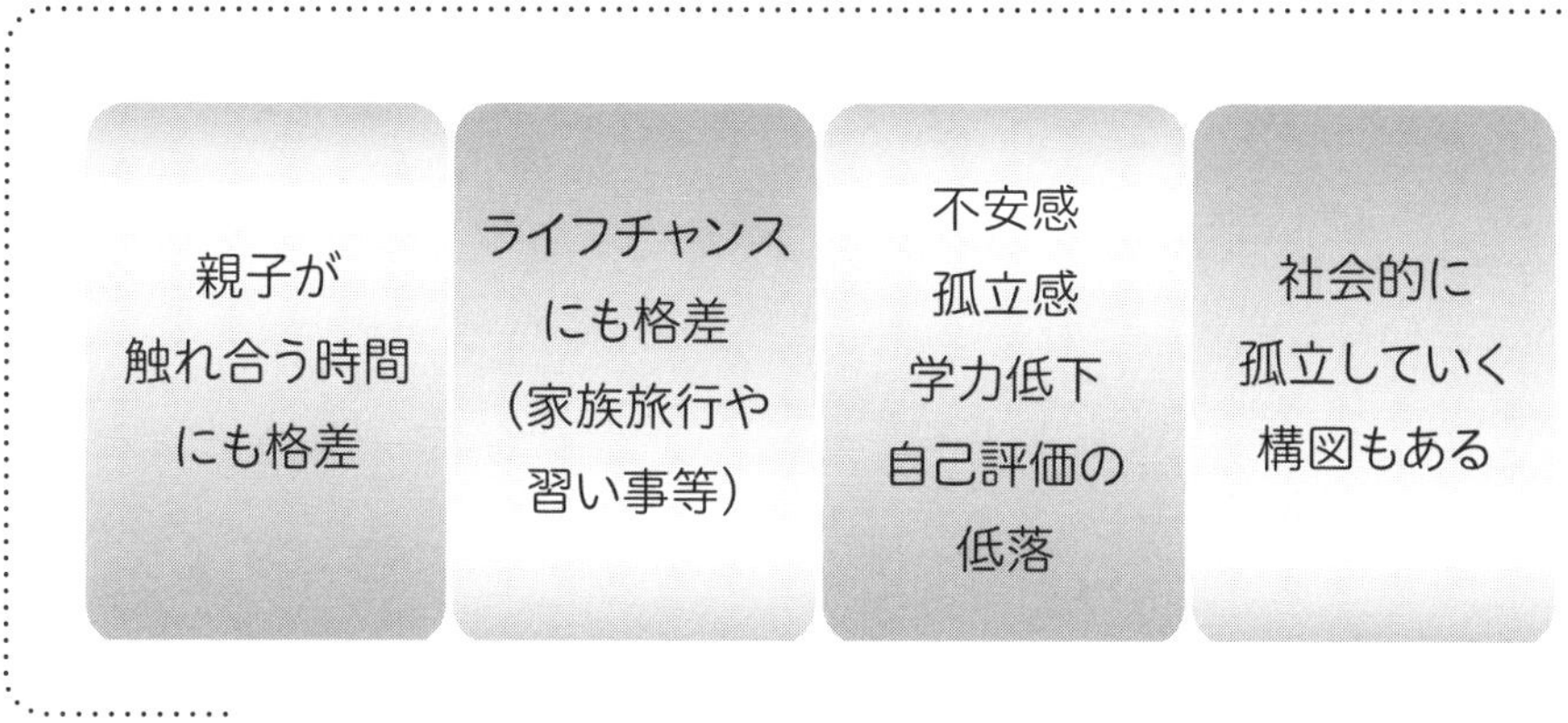

親がわが子の思いに心寄せながら一生懸命子育てしている家庭でも、子どもに負担をかける状況は出てきてしまいます。家庭で母に代って家事をしていたり、中には弟妹の世話をしている高学年児童もいます。当然、時間的に勉強は二の次になっていきます。親の苦労・頑張りを日常生活のなかで見ていると、友だちが通っているピアノや水泳、塾に行きたいと思ってもお金がかかるからと自分の気持ちにふたをするようになります。「見えにくい不利」という点では不安感が最たるものです。先行きの不安です。（図参照）

今日の格差社会の状況で言えば、人に合わせる暮らしがとても難しく、その結果社会的に孤立していく傾向が特徴とも言えるでしょう。親ばかりか子どももそうです。自己と他者を比較し、暮らしぶりの違いや時間の過ごし方のズレを感じ取れる年齢になると、子ども同士の付き合いにも距離を置くようになっていきます。

そういう中で、学年が上がるにつれて子どもによっては、諸々の意欲を低下させ、自己有用感（認められ、受け入れられ当てにされているという実感）を持てず、自己評価を下げていく子どもも出てきます。

だからこそ、経済的困難が子どもにもたらす様々な不利が次の不利を招く、いわば「不利の雪だるま現象」とならないように、手を尽くす民《たみ》の力が全国各地で展開されるようになってきたのです。無料塾*など、親の格差を子どもにまで持ち込ませない取り組みです。ただ、届けたい支援を、必要としている家庭に届けるためには、SNSでの広報やチラシを配布するだけではなく、福祉事務所や子どもにかかわる職員等が、つなぐ役割を担っていく必要があると思います。子どもの孤食を無くしたいとの思いからスタートした子ども食堂ですが、二〇一八年現在、子育て支援型・学習支援型も含め全国で二七〇〇箇所を超えるまでに増えてきました。

この子ども食堂に、必要な子どもが安心して食べに来られるようにするためにも同じことが言えると思います。

*無料塾：経済的困難等で塾に行けない子どもたちを対象に、公的施設等を利用して、大学生やシニア世代の人たちがボランティアで勉強を見てあげる取り組み。全国的に広がっています。

3. 学童保育の領域でも

こうした状況下で、学童保育の現場で大きな課題になっているひとつが保育料問題です。保育料が負担で入所を諦める家庭があとを絶たないのです。平成二八（二〇一六）年度放課後児童健全育成事業の実施状況によれば、全国の放課後児童クラブで保育料免除を実施できている

私の最初の職場。子どもたちとドッジボール中。

のは一万一千二五クラブ（全クラブ数の四六・七％）でしかありません（厚生労働省調査）。児童福祉の事業でありながら、もっとも入所を必要とする家庭が「保育料が負担だから」と入所申請すら諦めていく現状は、なんとしても打開していかなければなりません。

経済的困難家庭の子が放課後において不利を被らないためにも、国レベルの保障が喫緊の課題です。本当に入所することが必要な子どもが入所できてこそ、支援の関わりもできます。

先に記した社会的孤立という点で言えば、学童保育において、たとえ保護者が様々な事情や心身の状態で保護者仲間に入っていけなくても指導員がいます。子どもの日々の様子を伝えること、さらには保護者の子育ての悩みや煮詰まり感を聴き取ることでその保護者を支えることができます。

精神的・社会的に孤立した状況は児童虐待の直接的・間接的土壌になっていきます。学童保育に入所できること、指導員と繋がることは、孤立の子育てを防ぐ一歩になります。そして学童保育は状況が深刻化していくことの防波堤になれるのです。

これも私の最初の職場。庭の桜の木の下で、みんなでおやつ。

第2章

格差社会の中で子どもたちは

1. 一緒に居たいのに居られない（たいしのケース）

経済的困難は子どもにさまざまな影響をもたらします。

我が子が学齢児になるのと併せて、勤務スタイルを変える家庭も出てきます。保育園時代は送り迎えがあるため、一七時で退勤していた母親が、少しでも手取りを増やせればと一八時、一九時まで勤務時間を延ばすというケースや、いわゆるダブルワークを始めるケースもあります。私が出会った中には朝、子どもより早く出勤せざるをえない勤務シフトに変更されたひとり親家庭の母親もいました。

こうした勤務時間の変更は、親子の触れ合い時間が削られていくという状況を招きます。多くの子どもは「僕のため私のために頑張ってくれている」と思い「早く帰ってきてほしい」との気持にフタをしながら生活しているのです。

＊　＊　＊

たいし（当時一年生）の両親は離婚して母親と姉あや（当時六年生）の三人暮らしでした。たいしは姉が大好きで、放課後は全児童対策の放課後事業に揃って毎日顔を見せ、六時までたっぷり遊び込んでから帰る二人でした。その当時から、あやとは「しもせん（私のこと）、今日もお母さん遅いんだ」「そうなんだ、今日も一人で夕ご飯なんだね」「うん」「きょうは、お母さん用意してくれてるの？」「うん、だけど、あやもつくるよ」「そうか、あやはほんと、よく頑張ってるね」という言葉を交わしていました。

母親は田舎で暮らす両親のために借金をしており、その返済もあって、長時間労働をしていました。翌年、あやが中学に進学した四月に異変が起こるのです。母親はもとより、大好きな姉が中学に入って早く家を出るようになってから、一人残されたたいしに変化が現れました。一人でランドセルを背負って学校に行くエネルギーが沸かず、毎日遅刻するようになったのです。担任からの連絡で、定刻に来てないと私が自転車を走らせるという日々が始まりました。私には、たいしの力が入らない状態、「僕を受け止めてよ」という心の内なる声が伝わっていただけに、「頑張れよ」とは言えませんでした。ただただ抱きしめて、「いっしょに行こ」と一言言っては登校しました。大好きなお母さん、大好きなお姉ちゃんが先に出て、一人で鍵をかけて登校するには、この当時のたいしにはキツかったのです。「一人で鍵かけて登校する子なんて他にもたくさんいるよ。たいしも頑張れ！」と言ってしまっては、たいしの気持に寄り添ったことにはなりません。彼の置かれた「個別」の状況を踏まえた上での声かけにはならないと思ったのです。

人（子ども）は自分のことをわかってくれている人に吐露します。たいしが一緒に歩きながら言ったことを今も鮮明に覚えています。「ぼく、学校が嫌なんじゃないよ。なんか寂しいんだよ…」。

後日、たいしの寂しさやあやの頑張りが痛いほど判っているだけに、どうすればと苦しんでいる母親と、話し合いを持ちました。私はひたすら母親の思いを聴き取ることに徹しました。そうした時間を過ごす中で、「どこでフォローできるか、勤務シフトも含めもう一度考えてみます」と話してくれました。

話し終えた後、校庭で遊んでいたたいしに声をかけた母親は目に涙をためながら彼を抱きしめていました（その後、たいしは、慕っている三年生に、通り道でもあるので、朝誘ってもらうことで乗り切っていきました）。

2.「しもせん、おなかすいた」（はなのケース）

両親が離婚後、転居してきたのは、はなが一年生になる四月のこと。はなは、「すまいるスクール」（私が退職前勤務していた全児童対策事業の名称。以下「すまいる」）において、安心できる友だち関係の中で、毎日の放課後を楽しく過ごしていました。他区からの転居とあって、周りの子どもを誰も知らないという環境からのスタートでしたから、私は意識的に声をかけ、遊びに誘い入れていました。「はな、一輪車乗ってみるか？」と言っては補助役をやりながら話しかけていました。幸いにも、新しいことにチャレンジすることに意欲的な子だったので、しょんぼりしてたり、つまらなさそうにしている姿はほとんどなかった子でした。そして彼女の口から出たこの言葉は忘れられません。

「しもせん、私、ここに来て良かった！　楽しいもん」。

更なる環境の変化が訪れたのは、はなの二歳下の弟が一年生になった年のことでした。はなは三年生になりました。

保育園の迎えがなくなったこともあり、母親はそれまでの仕事に加え、二人に夕食を食べさせた後、居酒屋で働きはじめ、深夜に帰宅するという生活をはじめたのです。その頃から、姉弟が夜遅くなっても自宅前で遊んでいたり、自転車を乗り回す姿が近所の人たちの目にとまるようになっていたのです。

近隣から児童相談所に通告があったのは、弟が一年生になった六月末のこと。通告は、「夜二人だけで外遊びをしている。夜、コンビニでお菓子を買っている姿もある。親が見てないいんじゃないか」という内容だったそうです。

児童相談所の福祉司、子ども家庭支援センターの担当者は何度か家庭訪問したのですが、「あなたたちに話すことはありません」と玄関払いされていました。しかし、訪問以降、夜二人で遊ぶ姿は見られなくなっていきました。

学校で関係者によるケース会議も開かれましたが、提出物が出されなかったり毎日同じものを着ていたりと気になることはあるものの、身体的虐待が疑われる面はなく、夕食を食べさせてからの出勤で、ネグレクトとも言い難い状況でした。学校も「すまいる」も休むことなく来ており、二人とも「すまいる大好き（本人曰く）」で、いろんなことにチャレンジし、よく遊んでいました。家庭環境を踏まえ、宿題は必ず済ませて帰宅させるなど指導員も意識してかかわっていました。

当面、学校・「すまいる」・支援センターで連携して、情報を共有しながら見守っていくことを確認した矢先、「昼食問題」が発覚しました。土曜日はお昼から来ていた姉弟が、実は昼食を食べていないことがわかったのです。はなの「家で食べてきた」という言葉をうのみにしていたところ、弟が「しもせん、お腹すいた」と一言。聞いてみると、これまでも今も土曜日は母親は寝ており、朝昼兼用でパンを二人で食べていたと言うのです。「朝からすまいる来たいんだけど、みんなお弁当だし……テレビ見て、お弁当の時間が終わるの待ってた」この言葉に愕然とした私は、母親を気遣い「食べてきた」と言っていたはなを抱きしめ、気がつけなかった自分を責めました。夏休みを一週間後に控えた時のことでした。

学校が翌日休みの金曜日に限っては午前二時ぐらいの帰宅になっていたことを後々知るのですが、これでは朝起きられないだろうなと思いました。

母親と夏休み期間のことで話をしようと電話をしてもなかなか繋がらず、連絡帳もなかったので、はなに手紙を託しました。「(姉弟が放課後楽しく過ごせている様子を記載したのち)お母さんも深夜帰宅とあっては疲れますよね。夏休みが始まりますが、お弁当づくり大変かと思うので、作れない日はお金でいいですから持たせてもらえますか。いっしょに買いに行きますから」こんな内容だったと思います。

これに対しててていねいな字で次のような返信が戻ってきたのです。「お手紙ありがとうございま

150 人の大集団。保護者も一緒に楽しんだ大運動会。

す。お言葉に甘えさせていただきます。家庭環境があまり良くなく、学校側にも迷惑ばかりかけてしまい、本当に恥ずかしいと思っております。今日いただいたお手紙を励みに頑張っていきます。本当にどうもありがとうございました」（私の育成メモの記録より）。

迎えた夏休み。手紙とは裏腹に、ほぼ毎日、母親は姉弟のためにお弁当づくりを頑張ったのです。もちろん、はなも弟も喜んで朝から通ってきました。着てくる服も変わってきました。再び、わが子に目が向くようになった母親（児童福祉司の訪問がきっかけ）は、弟が「すまいる」から持ち帰った友だちの文具を返しに、私のところまで顔を出してくれるようにもなったのです。この時母親はこう話してくれました。「はながすまいるに入った時、誰も知らないなかで、はなをすまいる大好きっ子にしてもらえて、その様子を参加カード*（連絡帳に代わるもの）で毎日知らせてもらえて、どれだけうれしかったか、私の支えになっていました。だから何かあったら、ここに相談に来ようと思っていました。仕事も考えてみます」。母親が休みの日には親子二人で出かける姿が見られるようになったのは、それから間もない頃でした。もちろんその後、児童相談所や子ども家庭支援センターがかかわる事態は起こっていません。

指導員を「生活レベルで我が子を見守ってくれている人」だと母親が実感してくれていたことが母親の心を開くきっかけになったケースでした。

はなの母親は、児童相談所の訪問と筆者からの手紙で、「このままではいけない！」と我にかえるように気づいてくれたのですが、こうした他者（信頼できる第三者）の声かけがどれだけ発信できるかが問われているのではないでしょうか。

＊私は「すまいる」に異動になってからも、学童保育にこだわり、参加カードを連絡帳として使用し、通信も発行していました。通常、参加カードには帰宅時刻が記載されており、指導員はそれを見て、早帰り・五時帰り・六時帰りを確認していました。私は、独自に子どもの様子を書き込める参加カードを作っていました。

3. せっかく馴染めてきたというのに（かおりのケース）

かおりは、父母が離婚してから、母親について転居してきました。小学三年生になる春のことでした。生活が一変し、不安が渦巻くなか、かおりにとっては転校がとても心の負担になっていました。人一倍人見知りが強く、本人が一番生きづらさを感じていたのでしょうが、四月いっぱい一人では教室に入れない日々が続きました。かおりは転居間もない頃は「私とスーパーに買い物に行ったとき、そのスーパーで同級生を見かけたら、私の後ろに隠れて、帰ろ帰ろと腕を引っ張る子でした」という話も母親から聞いていました。

離婚後、母親が働くことになったため、かおりは学童保育クラブに通うことになりました。指導員が輪に入ることで、きゃーきゃーはしゃぐところまではいかなくても、下学年の子どもたちと遊べるようになっていきました。特に手繋ぎ一輪車では「かおりちゃん、やろう」と二年生から当てにされる存在になっていました。ところが、学校では緘黙《かんもく》*が続いていました。母親は、前の学校では、同級生に友だちも居たし、まったく心配することは無かったというのです。

担任の先生が、かおりが早くクラスに馴染めるようにと提案してくれた好きな子同士で給食を食べるという日には、教室で立ちすくみ、しくしく泣いていたといいます。クラスの子どもたちは担任の先生から促され、「かおりちゃん、ここおいでよ」と声をかけてくれるのですが、かおりの身体は動かなかったようです。

それどころか、そのグループ給食のある金曜日の前夜になると、「明日学校休んでもいい？」と母親に訴えていたといいます。毎週訴えてくる娘の姿に、さすがに心配になって母親は私のところに相談に来られたのです。

このグループ給食のことで、担任の先生に娘の訴えを伝えたところ、「お母さん、かおりちゃんのために始めたことです。彼女に乗り越えてほしいので、しばらく見守ってあげてください」と言われたとのことでした。

私は、このグループ給食の件で担任の先生と話し合いました。まだ安心できる人間関係を実感できていないかおりにとって、どのグループに入ればいいものやらとまどい、その結果金曜日の給食時間は待ち焦がれる時間どころか、重苦しい不安渦巻く時間になっているのだろうと伝えました。今のかおりにとっては決まった席に座るほうが落ち着くのでは、とあれこれ意見交換するなかで、いったん元に戻しますとの判断をいただいたのでした。

このことをきっかけに、ひとつの重荷をおろしたかおりの学童保育での表情は変わっていきました。よく話しかけてくるようにもなりました。「今日、体育で8の字とびやったんだよ。かおりひっかからないでできたよ。この前からがくどうでやってるでしょ、だからひっかからずにできると思った」。学童保育での遊びを通して、一輪車以外にも自信をつけ、チャレンジしてみようという姿勢が目立って出てきていました（この当時、学童保育で毎日8の字跳びが繰り広げられていました）。

母親は当時「かおりは放課後学童に行きたくて学校に行ってるようなものです。学童がなかったらあの子は不登校になっていたと思います」と言っていました。

たしかに学童保育クラブでの生活を通して同級の男子ともしゃべれるようになり、三学期を迎えた時には担任から「一・二学期のかおりさんがうそのようです。今では、教室でも学童の男子とふざけて笑い声が聞かれるようになりました」と聞くことができたのです。

長く時間はかかりましたが、ようやく新しい学校に適応できたかおりでした。ところが、三年生も終わるころ母親から告げられた話は大変ショックを受けるものでした。「今のマンションは家賃が高くて、低所得者向けの都営に申し込んでいたところ、引っ越しできることになりました。学童も終わるし、ちょうどいい区切りかなと思っています」というのです。こちらに引っ超してきてまだ一年。かおりもようやく学校に馴染めるようになってきた時期だっただけに私はどう返せばいいものやら、言葉を失い、動揺したことを今でも覚えています。再びかおりがあらたな環境で、転校先の学校に馴染んでいくには相当時間がかかるのではと思ったからでした。母親もかおりのことは心配しつつも、暮らしていくには「あの子にも頑張ってもらわないと」と思って決断したようでした。

四年生になったかおりは結局不登校の子のためのクラスに通うことになるのですが、幸いなことに、そこでおだやかな担任の先生と出会い、ゆっくりと回復していったのでした。

*場面緘黙：家庭では元気よく話せるが、学校とか話すことを求められるような場面や状況では話せなくなること。話さないのではなく、話せないのです。ただの内気や人見知りではありません。精神的な原因があると言われています。

地域の学童の合同運動会。棒倒しもやった。

第3章 仲間のなかで乗り越えてきた子どもたち

1．支援の取り組み、少しずつ広がりが

一九八九年、『福祉が人を生かすとき』（建石一郎著、あけび書房）という本が出版されました。都内の福祉事務所のワーカー有志が集まって、貧困からの自立をめざして取り組んだ中高生対象の勉強会の様子を綴ったドキュメンタリーです。この動きは報道されるや、全国各地でさまざまなスタイルで無料の勉強会が広がっていきました。

この数年では、京都市のNPO法人「山科醍醐こどものひろば」（スクールソーシャルワーカーの社会福祉士が理事長を勤める）の取り組みを二〇一三年五月四日の朝日新聞が紹介していました。「家庭の事情で夜をひとりで過ごす子どもが安心して過ごせる居場所を二〇一〇年に設けた。大学生らが勉強を教え、一緒に夕食をとり、自宅へ帰る。（中略）そのひとり、今春中学を卒業した少年（一五）は小学二年の時から、渡されたお金を持って妹とファミリーレストランに行く。家では得意の卵焼きをつくり食べる。家族で食卓を囲むことはない。『楽しくないご飯はおいしくない。ひろばは楽しかった』。中学にはほとんど行かなかった少年が週一回、素直にひろばに来る理由はそこにあった」（朝日新聞より）。この「こどもひろば」の実践は二〇一八年一月発刊された『まちの子どもソーシャルワーク』（かもがわ出版）で詳細が報告されています。

誰もがいつ病気になるかもしれません。アクシデントにあうかもしれません。親の介護問題も出てくるでしょう。いつ失職するかもしれない、そういう時代です。だからこそ、誰もが「他人の手を借りられる仕組み」づくりを整備し、孤立しない支援、養育困難に陥らない支援を、引け目を感じずに堂々と利用できる、そして差別されない社会をつくっていく必要があると思います。

子育て支援ではファミリーサポート事業や養育困難家庭への家事育児援助のヘルパー派遣などが広がってきました。地域によっては、子ども食堂に行政の支援が届くようにもなってきました。埼玉県の「教育支援員事業」のように、生活保護家庭を訪問し、中学生を学習ボランティアによる勉強会につないでいったり、高校中退者を出さない取り組み（無料の学習教室）をするNPO法人が立ち上がったり、東西各地で支援の輪は広がってきました。

コミュニティー再生、人と人の関係づくりが、人の知恵と底力で進んできてはいますが、まだまだ開拓途上です。

学童保育もまた、人と人をつなぎ、孤立を防ぐことに心傾けてきた事業のひとつです。

2. ひとりぼっちじゃないよ（たけしのケース）

たけしは、小学校就学にあわせて児童養護施設から家庭復帰した子でした。母親と施設職員から聞き取った話によれば、概ね次のようなライフストーリーでした。若くして妊娠した母親。妊娠したことを告げるやたけしの実父にあたる彼は目の前から消えていったそうです。しかし、それでもお腹の子は育てたいと願った母親はシングルで育てることを決意し、出産するのです。その決意を告げたとき、父親（たけしの祖父）から「シングルマザー？　ふざけんな!!　だったらこの家から出て行け!!」と勘当され、母親は母子生活支援施設に入所して育てていこうと決断。たけしは、二歳になるまで愛情をたっぷり注がれて育てられたようです。

しかし、若い母親は、実父とは違う彼氏との付き合いがはじまります。母子生活支援施設を出てアパート暮らしをはじめた頃から彼氏のＤＶが始まり、日増しにその暴力はエスカレートしていったとのこと。隣の住民から警察に通告された時は、母親が髪の毛をつかまれ部屋を引きずり回されるという修羅場のような状況だったと言います。わずか二歳のたけしの面前でその暴力は繰り広げられたのです。

駆けつけた警察官に母子は保護され、たけしはその後乳児院に送られます。母親は激しい暴力の影響とわが子との分離で精神疾患を負い、入院生活を余儀なくされました。三歳になったたけしは児童養護施設に移され、母親は長期で入院生活をすることになったのです。

その後、退院した母親は服薬治療を続けながら社会復帰めざして職業訓練に通ったといいます。児童相談所にあがってくるこうしたケースの母親はなかなか面会に来れないことが多いのですが、たけしの母親は違いました。引き取りをめざして児童福祉司や児童養護施設のワーカーの援助を受けながら、面会・実家での外泊を重ねたようです。関係が悪かった母親の父が闘病の末亡くなったこともあって、たけしの祖母と同居するかたちで母子の生活は再開しました。たけしが小学校入学を控えた三月のことです。母親は昼間の仕事に就くことができていました。

たけしは一年生ながら負けん気の強い印象の子でした。施設からも申し送りでいろいろと聞いてはいましたが、「なるほど、これか」という姿を入学まもなく見ることになります。泥けいでタッチされたときに転んだたけしは、タッチした子が謝っているのに許せないのです。自分で転んだのに、泣き叫び、殴りかかるたけし。止めに入った私に「はなせー!」と叫んで噛みつくたけし。なかなか収まりません。抱きしめてクールダウンするまで待つといったことはその後何回も繰り返されました。

レゴで遊んでいる時も、パーツの取り合いから相手を突き飛ばし、「これはぜんぶオレがつかってるのに、かってにとるな!」と譲ることもできないでいました。諭すように分け入った指導員に「なんでオレばっかりにいうんだよ」という調子でした。ドッジボールをしているときもボールの取り合いになると、相手を叩くなど攻撃的な場面が繰り返し出てきたのです。「こんなオレでも受け入れてくれるのか?」と「試し行動」をしているような言動でした。傍にいる上級生の子からも「たけし、いいかげんにしろよ。おまえがわるいだろ」と注意の声が飛ぶこともありました。

周囲には「すぐキレるたけし」というイメージが広がってしまったのですが、私は毎日たけしの顔を見ては「おかえり」の声をかけ、出来る限りたけしを意識して彼の傍で遊びに加わり、時には

「覚えたい」「やりたい」と言った将棋やベーゴマにつきあいました。

「キレて」相手に手を出したときは、とにかく抱きしめて背中をさすっていました。

生後わずか六年間で二度、三度と生活の場が変わり、養育者が変わり、DVの場に居た（これも被虐にあたる）ことを思うと愛着不全があってもおかしくないと感じていました。児童養護施設の職員は心からの愛情を注いでくれたと思うのですが、いかんともしがたいのがローテーション勤務です。たけしの担当はいても、二四時間付き添っているわけではありません。セルフコントロールが効かないのも、相手を責めて相手のせいにするのも、それ故だろうと思っていました。しかし、愛着不全といっても母親を責めるものではありません。これまでの諸々《もろもろ》の環境がもたらしたものです。愛着（アタッチメント）の問題は、人との関係性のなかで克服していけるものです。ましてや二歳までは愛情もって母親に育児されていたたけしです。

家では母親・祖母と、放課後にあっては指導員と、あらためてたけしが安心感と信頼感を感じられるように関わり始めました。たけしが大好きという母親は「叱らず、できたことを褒める」かかわりを信じてくれました。いっきに変わるわけはないのですが、積み重ねは彼を徐々に変えていきました。たけしの心のなかに「しも（私のこと）」が意識され、下校してきたら「しもは？」と聞くようになっていました。そして遊びの楽しさが判り、集中できるようになっていったのです。

大きく変化していった契機は、なんといっても彼の持つ抜群の身体能力を生かせる野球との出会いでした。彼が大好きになれた遊びだったのです。いつも野球メンバーから「たけしは？」とあて

毎日繰り返された激しいSけん。

にされ、メンバーとして必要とされるたけしになっていきました。打って良し、投げても良し、野球センスを持った子でした。野球好きの「先輩」たちから、「たけし、やるぞ！」といつも声をかけてもらって、メンバーの一人として受け入れてもらえる心地よさを感じていったたけしでした。アウトセーフを巡っては、こだわるたけしでしたが、相手に手をだすことはしなくなっていました。彼がSけんの中軸になった三年生の頃には、「Sけんでケンカやっちゃーおしめーよ」と二年生を諭すまでになっていたのです。

やがて地域の少年野球からスカウトされ、彼はそこでもあてにされ、必要とされる中軸になっていきました。そんな息子の姿に母親は「いろいろあったけど、今たけしと生きてるのが楽しいです」と話すのでした。

この親子を前にして、指導員として何ができたのか。ただただ一緒に生きていこうと常にそばにいることしかできなかったように思います。他害行為を繰り返す我が息子故に、母親は学校や学童保育クラブの保護者会に顔を出しては謝ることが多く、だんだんと足が遠のいていました。だからこそ、なおのこと、母親には日々の連絡帳に「ひとりぼっちじゃないよ。我々がいるよ。いっしょに育てていこう!! なにかあったら、いつでも来て」というメッセージを伝え続けていました。

3. 崩れていった暮らしを作り直した学童仲間の協力（えいこのケース）

家族構成は、当時四〇代半ばの父母と中学一年生のえい子と小学校三年生のけいたの四人家族です。話は、学童保育に在籍していたけいたが三年生になった当時のことです。ちなみに私とこの家族の関わりはえい子が小学三年生に進級した春からでした。

けいたが入学して以降、キャンプや子ども祭りといえば手伝いに駆けつけてくれていた父親が、社員として働いていた会社で三月に人員整理の対象となり、失職。それまで慎ましくも波風たたぬ穏やかな生活を営んできた家族に、前触れも無く大きな波が打ち寄せたのでした。その後、父親はハローワークに通いましたが正規採用に至りませんでした。倉庫でのアルバイトに就いたのですが、たまたま儲けを出したパチンコにはまり、七月頃から貯金にまで手をつけるようになっていったのです。それを知った人一倍真面目な母親は父親にパチンコを止めるよう懇願する日々となっていきました。そんな母親を避けるため、父親は遅番のシフトを増やし、飲んで遅く帰宅するようになっていきました。母親は将来の不安から夏を過ぎる頃に「うつ状態」になっていきます。しかし、診察費がかかることを気にして医師を訪ねていません。一〇月に入った頃から母親は、パート仕事に行く気力も失せ、家事もできず寝込む日が多くなっていったのです。

母親に代わってえい子が洗濯、夕食作りをするようになりました。そうした家族の変化の中で、この先どうなっていくのだろうという不安を抱えたえい子は勉強にも身が入らず、わからないところが増え、二学期の中間テストは惨憺たる結果でした。部活で疲れた日などは、夕食はコンビニのおにぎりを弟のけいたと分けあって食べる日もあったといいます。朝は食べずに登校。けいたは同じ服で登校することが多く、提出物も出されないことが頻繁となっていきました。気になった担任と私は、けいたの帰宅時にあわせ連れだって家庭訪問しましたが母親は出てきません。玄関先で声をかけても返事がありません。あわせる顔がないという心境だったのでしょう。

学校の運動会でも両親の顔を見ることはなく、保護者仲間のあいだで心配する声が私の耳にも届くようになっていました。えい子にとっては部活のバスケ仲間（学童保育時代からの友だち）との時間が唯一の楽しみで、学童保育時代から一緒に過ごしてきた仲間との時間はえいこの支えになっていました。彼女は後々こう語っていました「あの仲間との時間があったから私頑張って来れたと思う」。

けいたもまた学童保育での生活を楽しみに毎日休まず通っていました。けいたは学童保育では野球やドッジボールが好きで、荒れることもなく遊んでいました。けいたから両親のこと、家庭生活のことを口にすることはなかったのですが、運動会の代休日や土曜日、弁当が必要な日には「家で食べてきた」と言って昼から顔を出す状態になっていました。少年野球チームに入りたい気持にも（お金がかかるからと）蓋をして過ごす子でした。

一〇月以降、学童保育と家庭の交換便であった連絡帳は、こちらから健気《けなげ》なけいたの様子を伝えるだけの一方通行になっていましたが、私の心配する気持ちを連絡帳の文面から読み取ってくれたのか、一二月に入ったある平日の午前中に、父親が学童保育クラブを訪ねてきてくれたのです。行事の打ち上げの席で一緒に飲み交わしたことがある父親だけに、「待っていましたよ、よく来てくれました」という気持で迎えたことを覚えています。父親は「さらけ出して話せるのは、子ども二人のことも、妻のことも知ってる先生しかいないと思って……」と話しに来てくれたのです。

私は父親の発する言葉を繰り返したり、「それってこういうことなの？」と聞き返したりしながら、心の内を吐露できるよう、ただただ聴くことに徹しました。口数の少ない、感情を高ぶらせることもない人だったので、家族に手を挙げることはありませんでした。自分の「情けなさ」「弱さ」も自覚し、家族に申し訳ないとの気持も持っていましたが、意にかなう就職ができず自暴自棄になっていた自分をとつとつと語ってくれました。私からはけいた、えい子のことは支えていくからと伝

保護者と一緒のキャンプ。「同じ釜の飯を食った仲」意識も生まれる。

えただけで、なんとかしなければと思っている父親に「健気に頑張っている二人のためにも頑張ろうよ」と追い打ちをかけるようなことは言いませんでした。聴いてもらえたと思ってくれたのか、父親は席を立ちながら「また、うかがってもいいですか?」と言ってくれました。家族と向き合わなければと、「自己決定」した父親の態度表明の時間でした。

その後、この家族は好転していきます。えい子が在籍当時父母会長をしてくれていたCさん（えい子の友だちの父）から「おせっかいのようだけど、えい子ちゃんのお父さんに紹介したい就職口があるのだけど、ちょっと気持ち聞いてもらえるかな?」との話を持ち掛けられ、えい子の父親につなぐことができたのです。後日談ですが、Cさんは「えい子ちゃんのお父さんのことは娘から聞いて、心配していたんです。学童のキャンプで同じ釜の飯を食った仲ですしね。うまく話がまとまってほんと、よかった。これで安心して新年を迎えられますよね」と話してくれました。

一方母親も、学童クラブの時から仲良くしていた母親仲間とえい子の泣きながらの勧めで、一一月半ばには心療内科に行き、服薬治療を始めていました。えい子には「お母さんが回復するまでヘルパーさんが手伝ってくれるとしたら、どうする？　頼んでみる？」と聞いてみました。えい子は「うちのお母さん嫌がると思うから、私（夕食づくり）頑張るよ」とはっきりとした口調で返したことを今でも忘れられません。「だったら、えい子の勉強見てくれる人はどうかな？　しも（私のこと）が知っている学童の卒所生で大学生のお姉さんが学ボラ（学習ボランティア）やってくれるって言ってるんだけど。こっちはどうかな？」こちらの話は素直に受け入れ、お姉さんと会うのを楽しみにしてくれたえい子でした。学童保育時代の母親仲間もえい子にわかりやすいレシピを渡したり、煮物のお裾分けを差し入れたりして側面からのサポーターになってくれていました。

このようなケースでは、人によっては、ギャンブル依存、あるいはアルコール依存にまで陥いる可能性があります。家族に手を挙げる事態になっていたかもしれません。えい子の父親は手を挙げたり、暴言を吐くことはなかったものの、ほぼ半年、子どもに向き合わず、いわば養育放棄をしていた事実はいなめません。しかし、もっと悲しい事態になる前に、我が妻・我が子の姿、我が子に関わる人間関係の中で食い止めることができたケースでした。子どもを真ん中に、様々な行事や交流の場を通して紡がれていた子育て仲間としての輪（学童保育の父母仲間）が、この家族に灯りをともす展開となったのです。

4．施設から家庭復帰、拠り所となったのは（けんじのケース）

離婚、経済的貧困、親の疾病など家庭に大きな哀しみの波が来てしまうと、子どもたちは心に暗い影を落としたまま大人になっていくのでしょうか。不利な状況を背負いながら、確かに厳しく険しい道を歩くことになりますが、その道のりでたとえ一人でも、愛情をもって寄り添い、とことん付き合い、一緒に歩いてくれる人と出会えればその子はその厳しい現実と向き合う力を発揮し、回復（レジリエンス）していけます。

その人は保育士だったり、教員だったり、施設の指導員だったり、学童保育の指導員だったり、あるいは大好きな彼・彼女かもしれません。児童養護施設で育ち自立していった若者や学童保育の出身者を大人になるまで見てきた一人として私は確信しています。

＊　＊　＊

けんいちとけんじは、児童養護施設から家庭復帰してきた兄弟でした。父親が借金から失踪、母親がうつ病を患い、母親の「快復」まで二年近く施設で暮らしていた二人です。学童保育での出会いは、寛解《かんかい》＊した母親が医療や母子生活支援を受けながら町工場で働き、二人を引き取り再出発した直後の頃、けんいちが小五、けんじが小一になる春でした。いわゆる一Ｋの母子寮で親子三人、つつましい暮らしぶりでした。でもこの二人は幼い頃愛情を注いで育ててもらった土壌もあり、厳しい環境の変化の中でも、新しい生活に適応しながら文字通りたくましく生きていました。学童保育でも誰ひとり知らない、不安でいっぱいのけんじでしたが指導員を拠り所に安心を実感していきました。そして、心からわき出る「やりたい！」遊びと仲間に出会い、学童では来る日も来る日もドッジや野球に明け暮れ、「また明日ね」と言える目当てのある生活を送れるようになっていきました。

けんいちはけんじの兄として毎日学童ＯＢと一緒に顔を出し、学童男児のあこがれの「兄貴的存在」となっていました。三年生になったけんじもまた近隣学童クラブとの対外試合や合同運動会でのリレーというと、仲間からの期待に応える力を発揮し大活躍する子でした。「そこに行けば受け止めてくれる大人がいる、そこに行けば安心できる仲間がいる」そういう時空間は明日を楽しみにできる生活となり、自己肯定感、自己有用感など回復力を付けていく場にもなっていたのだと思います。けんいちが中学一年生になった当時、わからないところが出てきては学童保育クラブまでテキストとノートを持って訪ねてきていました。その後彼は、高校入学まで都合のつく日曜日に私の家に来て勉強を続けました。

わずか三年で隣の区の低所得者層向けの都営住宅に転居していくのですが、兄けんいちは高校を卒業してから就職、弟けんじは中学から定時制高校にかけて生徒会の役員を務め、印刷会社で働いて貯めたお金と奨学金で夜間の大学へと進みました。二人とも厳しい環境のなか、ドロップアウトすることもなく雄々しく駆け抜けました。大人になった彼らが振り返っては言ってました。「うちは塾や習い事にも行けなかったけど、学童がホント最高に楽しかった。母ちゃんがよく連絡帳に書かれていることを読みながら学童の話をしていたのがうれしかったし、忘れられない（母親はけんじが成人してまもなく逝去）。母ちゃんは誰も知らないところで、あの連絡帳が支えだったってよく言ってた」。

＊寛解：症状が一時的に軽くなったり、消えたりしている状態。このまま治る場合もあるが、再発する可能性もある。

学童のキャンプでは、飯盒炊さんにも挑戦。

第4章 もうひとつの哀しみ

	0-3歳未満	3歳-学齢前	小学生	中学生	高校生他	計
2006年度	401 (15.35%)	577 (22.1%)	1,064 (40.6%)	409 (15.6%)	167 (6.4%)	2,618
2016年度	1,924 (18.4%)	1,976 (18.9%)	3,879 (37.1%)	1,656 (15.8%)	1,028 (9.8%)	10,463

東京都児童相談所のしおりより

1．顕在化してきた子どもの哀しみ

虐待と聞くと乳幼児のことと思われる方は多いと思います。命にかかわる事件として報道されることが多いだけに印象も強いです。しかし、毎年虐待対応で一番多いのは小学生を巡るケースなのです。

ちなみに、東京都にある一一児童相談所の年齢別虐待相談対応件数を二〇〇六年度、二〇一六年度で比較して見てみると次（上図）のとおりです。一〇年で四倍にまで増えています。

ここにあがっている数値にはいわゆる非該当は含まれていません。非該当とは、児童福祉司が現認といって家庭訪問し、親子関係を確認したのに虐待の事実がないケースを言います。

全国ではどうでしょうか。全国に二〇八箇所ある児童相談所の集計では、児童虐待防止法が制定された二〇〇〇年で一万七千七二五件。二〇一六年度で一二万件を超えています。統計を取り始めた一九九〇年で一千一〇一件ですから二六年間で一一〇倍の件数になります。

この数値は全国二〇八箇所の児童相談所が対応した件数のトータルで、ここに全国の行政窓口に寄せられ対応したおよそ八万件を加えると、なんと一年間で二〇万件を超えます。

どうしてこんなに児童虐待相談対応件数が増えたのか？　それは、報道等で社会がそれだけ関心を向けるようになり、通告で顕在化してきたということが一番大きいと思います。それと社会が変化してきたことが背景に挙げられるでしょう。さすがにストリートチルドレンや児童労働は見られませんが、「見えない貧困」が広がり、夜、子どもたちだけで過ごしていたり（親は夜も働いている）、親の目が子どもにいかなくなっていたりという状況が増えているのではないでしょうか。

ここ近年増え続けているのが、子どもの面前で激しい夫婦げんかをやってしまう面前暴力、DV（これまた対応件数は一〇万件を超えています）、罵声、恫喝、無視、心理的追い詰め等々です。この中には、いわゆる「教育虐待」[*1]も含まれています。ちなみに二〇一五年度の数で言えば一〇万三千二六〇件の四七・二%が心理的虐待[*2]のケースです。

生命の危機を感じさせるケースや、引き続きの養育が困難というケース等では一時保護から乳児院や児童養護施設に措置されることになるのですが、そうした子はごく少数です。あとの子は、親も児童相談所や関係機関の指導・援助・心理的ケアを受けながら、[*3]良好な関係を再構築すべく家庭での暮らしを続けています。そして、それまで通り自分の家から保育園・幼稚園・学校・学童保育クラブにも通っています。

「全国児童相談所所長会がまとめた調査報告」（貧困率が報道された二〇〇九年の報告）によれば、虐待の要因とみられる家庭の状況として「経済的困難・虐待者の心身の状態・一人親家庭・夫婦間不和・DV・不安定な就労・親族や近隣からの孤立・育児疲れ他」が挙げられていました。

決してひとつの要因だけで虐待は発生しません。いくつも重なりあって、社会的に孤立していく中で起こっているのです。また「虐待なんて、そんなひどいことは一部のどうしようもない人が起こすもの」といったことではありません。経済的困難家庭だから虐待が起こるという一面的な理解はしないでください。経済的に困難な状況を抱えながら、一生懸命子どもを育てている親（保護者）はこの世の中にたくさんいます。育児疲れから虐待してしまったケースでも、最初は愛情をそそいでいつくしんでいたのです。夫婦揃っていても、夫の帰宅が毎日のように遅くて、一人で育てている状況の中で、子育てが思うようにいかないとそれは誰しも疲れてしまいます。乳児であれば二四時間三六五日母親をやっているわけです。虐待者に実母が多いのは事実ですが、仮に父親が二四時間子育てをするようになったら、この数値は逆転するかもしれません。

二〇一四年の児童虐待相談ケース分析等に関する調査研究報告によれば、虐待件数のうちひとり親家庭が三三・三％に対し、実父母家庭は四五・一％となっています。

＊1　教育虐待：子どもの将来に不安を感じる教育熱心な親が「あなたのため」を振りかざして子どもを心理的に追い詰めていくケースです。我が子の幸せを願うが故に早期教育に走る親にも見られます。追い詰められた子どもにチック症状、日常行動の異変、精神面の変調などが出てきて初めて心療内科にかかり診断されるケースが多いです。有名校への合格を目指して我が子に過度な要求をし、心理的

に追い詰めていくというケースもあります。そうした親子関係から逃れたいと思った子どもが家を飛び出すというケースもあります。最悪なのは心理的に追い込まれ自尊感情もずたずたにされた子どもが家庭内で親に暴力で反抗しはじめるケースです。親殺しに及んだ事件もありました。

＊2　心理的虐待：無視・拒否的な態度・罵声を浴びせる・言葉による脅かし・兄弟間での極端な差別扱い・ドメスティックバイオレンス・子どもの兄弟姉妹に虐待行為を行うなど。

＊3　保護者援助：児童相談所では、児童虐待を行った保護者に対して、状態を見ながら援助プログラムを基にリーフレットやテキスト、チェックリストなどを用いてカウンセリングやグループ療法などの治療的教育的プログラムを実施して、保護者が再び虐待をしてしまわないよう様々な指導や支援を行っています。

児童相談所への通告後の流れ（下浦作成）

通告・相談の受け付け
▼
緊急受理会議
▼
調査・情報収集
（地区担当の児童福祉司・虐待対策班）
▼
安全確認（立ち入り調査も）48時間以内に確認
保護する必要があるときは
▼
一時保護所（原則として最長2ヵ月）
▼
社会診断・心理診断・行動観察・医学診断
▼
調査継続・関係機関との情報交換
▼
援助方針会議（援助方針の決定）
▼　▼　▼
終結 ｜ 在宅での援助 ｜ 施設への入所・里親委託
▼　▼
家族再統合に向けた治療・保護者指導
▼
調査継続・関係機関との情報交換
▼
援助内容の評価・見直し
▼　▼　▼
終結 ｜ 在宅での援助 ｜ 施設への入所・里親委託

＊安全確認は、児童福祉司が保育所や学童保育所・学校の協力を得ながら、子どもとの面接をして確認する。
＊一時保護を行う場合で、保護者の同意が得られない時には、児童相談所長の職権で一時保護する場合もある。

2. 家族・人生は変化する

虐待は連鎖すると聞かれたことがある方は多いと思います。「虐待って、自分がされた人が親になったとき我が子にするんじゃないの」と思っている人もいるでしょう。たしかに子ども時代を不適切な養育環境の中で過ごした人の中には、心に傷を負ったまま大きくなった人もいるでしょう。しかし、そういう傷を負った人は悩みながらも、自分の過去と向き合い、思いを聴いてもらいながら回復力を付け、わが子とどう向き合えばいいのかを真剣に考えている人が多いと思います。虐待防止センターのMCG（母と子の関係を考える会）に集まってくる母親の話からもそのことはうかがえます（虐待防止センターのCCAPブックス参照）。それに被虐経験があったとしても、その後の人生で、受け入れ・認め・愛してくれる人との出逢い、良きパートナーと巡り合えれば連鎖など断ち切れるのです。

幼いころの被虐経験から、親として虐待行為をやってしまったとしたら、あまりにも切なく哀しい話ではありませんか。その親もまた犠牲者なのです。

この問題、「連鎖する」とはっきりした線引きがあるわけではなく、環境次第では、とみるべきではないでしょうか。親を虐待まで追い込むものは何なのか。その要因はどうすれば取り除けるのか、どう虐待しないように支えていけるのか、という思考回路で考えなければ、それこそ連鎖を断ち切る支援につながりません。

親を虐待に追い込むものとは、なんでしょうか。子育て経験のある皆さんなら想像力が働くと思うのですが、頼れるパートナーはいない、頼れる親族もいない環境で三六五日たった一人で子育てに向き合うのは厳しいものがあります。環境の変化で言えば、仲良かった夫婦が子育てを巡って対立し不和になった、離婚しひとり親家庭になった、夫が失業した、住宅ローンの他に借金を抱えることになった、妻が再就職しようにも出産後はパートしかなく収入が減った（にもかかわらず保育料は高い）、夫が病気になった、妻がうつ病を患った……あげればきりがありませんが、これらのことが子育て中に起これば誰もが頭を抱えてしまいます。「集中力がなく、宿題に取り掛かれない」「いくら注意しても同じことを繰り返す」「子どもが何に対しても意欲がなく、毎日ゲームばっかり」「反抗的になってきたわが子をかわいいと思えなくなってきた」等々、子どももプラスの成長ばかりではありません。だからこそ、戸惑い、煮詰まり感を抱く親の思いを受け止め、支える関係が問われています。

父親が「派遣切り」にあい、失業。バイトで頑張りながら次の就職口を探してもなかなか見つからず、そのうちアルコール依存になり、ギャンブルに走り、あげくの果てに、母親や子どもに暴力を振るうようになったケースがあるのですが、この父親、失業するまではいい父親だったというのです。

大阪市西区で起こった二人の幼児が餓死した事件も、母親が孤立して風俗の世界に足を踏み入れるまでは愛情を注いでいたのです。癒やしを求めてホストクラブに通い始めた頃から我が子を放置するようになり、挙げ句の果てに食事を用意することもせず、様子を見に帰ることもせず、結果二人の幼子はゴミ屋敷状態のマンションの一室で命を落としていったのです。初めから鬼畜のような母親ではありませんでした。

経済的に裕福な家庭でも虐待は起こっています。親も高学歴で、わが子を目指す私立に進学させたいとの願いから、心理的に追い込み（教育虐待と報じられるケース）果ては身体的暴力にまで及んだケースもありました。

虐待に及ぶのは環境次第と見るべきではないかと書きましたが、二〇〇〇年代に入ってから虐待相談対応件数が増えてきたことと、貧困が問題になり始めたのとは重なっています。先に記したように児童相談所の全国調査でも、虐待の要因に挙げられていたトップが三三・六％の「経済的困難」です。経済的困難から社会的に孤立していかないように、支援が問われる所以です。

＊　＊　＊

現在この日本で、さまざまな理由から実親と暮らせないで乳児院・児童養護施設・養育家庭・児童自立支援施設・情緒障害短期治療施設等で暮らすことを余儀なくされた児童はおよそ四万人います。自ら選んだわけではない生活空間に置かれた子どもたちです。

こうした子どもたちの中には、もちろん虐待から保護された子どもも多いのですが、実親の養育困難が原因の子どもも数多くいます。
保護に至ったケースの当事者のライフストーリーに目を向ければ、多くの親はなんらかのアクシデントや環境変化の中で変貌していっています。貧困は所得だけの話に留まりません。困窮してくると、子どもの声に耳を傾けることも、子どもに関心を寄せることもできなくなってしまいます。これが乳幼児期だと愛着関係が結べなくなっていくのです。愛着障害はその後の成長過程でいろんな困り行動で表面化してきます。だからこそ、子育ては親の責任というのではなく、閉ざされた孤立の子育てとならないように、かかわりあって子育てしていく関係づくりこそが大事だと思うのです。困り感を抱いたときには社会的資源*の援助を受けることが当たり前という認識を広げていくことが必要だと思います。

*社会的資源：保育園・学童保育所・児童館・福祉事務所・子供家庭支援センター・児童相談所・小児発達支援センターなどの機関や、家事育児援助事業・ファミリーサポート事業などの子育て支援事業。

3. 親子という関係の愛しさと哀しみ

親子関係の歴史を遡ってみると、この日本では、「家制度」の中で長きにわたって父権の強い時代が続いていました。父親には逆らえない時代でした。女性や子どもの人権など意識にもない時代には、貧しい家庭では子どもが売り飛ばされたり、勉学より働き手として児童労働が強いられていました。一九三三（昭和八）年に制定された虐待防止法は、児童労働を強いることを禁止する法律でした。

時代は変わり、戦後の日本は高度経済成長を成し遂げ、一見豊かに思える社会を構築してきました。そうした時代を迎えるなか、家族もまた時代とともに変化してきました。

家族ほど愛しいが故に心配もする、将来を案じるが故に過干渉にもなる、この構図は戦前には想像もできない親子関係の病理を発現していくことになりました。

一九七〇年代後半から一九八〇年代にかけて、偏差値の高い超有名校に在学する高校生が親を殺す事件が起こったり、家庭内暴力で親を服従させるといったケースが出てきました。

一九九〇年代に入って「虐待」という概念が広められていくのですが、その第一人者と言われた精神学者・斉藤学が一九九二年に『子どもの愛し方がわからない親たち〜児童虐待』（講談社）というタイトルの本を出しました。厚生省が児童虐待のカウントを取り始めたのが一九九〇年。今の「児童虐待の防止等に関わる法律」が制定されたのが二〇〇〇年と、親子関係を巡って切なく哀しい時代を迎えたのです。

児童虐待対応件数のデータを見てみると、毎年変わらず多いのが三歳〜九歳にかけての子どもたちです。ここにほぼ半数が集中しています。「小学生」というくくり方をすると、先に示した表からも判るとおりおよそ被虐の四割が小学生というのが実態です。

子どもが成長発達していく過程を見たとき、学齢児になって減っていくのがスキンシップです。親子で遊ぶという時間も減っていきます。代わりに生活の中に入り込んでくるのが学習や習い事の時間。かつては遊びだったものが「〇〇教室」「〇〇クラブ」という習い事の世界になってきました。いわゆる放課後の塾化です。これに伴って「できる・できない」「はやい・おそい」「つよい・よわい」といった評価を、好むと好まざるとにかかわらず意識するようになっていきます。

そして親からの言葉がけも点検・チェックの「やったのか？　できたのか？　なぜやらない？　なぜできない？」といった言葉がどうしても増えていくのです。学年が上がるにつれ、自己と他者の比較のなかで自己評価を下げていく子どもも出てきます。頑張ろうというモチベーションが持てなくなると、親子間の関係に様々な問題が出てきます。「見える力」のみを追いかけていくと「心の栄養」にまで気配りができなくなり、知らず知らず我が子を追い詰めていく構図を招きかねません。

親が願うようには育っていかない我が子に対し、感情をコントロールしない言葉が飛び交う事態を招いていく構図です。我が子の将来の幸せを願うところから出発しているにもかかわらず、我が子を二度とこない子ども時代に「不幸」にしてしまうこともありえないことではありません。

虐待のほぼ半数近くが心理的虐待というのも、なにも夫婦げんかやDVの面前暴力によるものだけではありません。親からの心理的抑圧・恫喝なども含まれます。

小学校に入学するや「留守番ができる年齢になった」と思う親は、夜一人子どもを残して家を出たり（飲みに行ったり、カラオケに行ったり）、一緒にいても「親はスマホ、子はゲーム」という過ごし方を重ねていると、子どもを一人にすることにも抵抗がなくなっていくという話です。ある有識者はこうした関係に「プチ虐待・プチネグレクト」だと警告を発しています。

最近では虐待とまでは言わないけれど「マルトリートメント」（不適切なかかわり）という概念で指摘されることも多くなってきました。安心できるはずの家庭で、いつも親の顔色をうかがい、びくびくしながら暮らしている子がいるとしたら、あまりにも哀しいことです。

福井大学の友田明美教授（小児精神科医）は親の暴力・暴言で子どもの脳の前頭前野*が萎縮したり聴覚野が変形すると警告を発しています（『子どもの脳を傷つける親たち』ＮＨＫ出版、二〇一七年）。

そこに歯止めをかけられるのは、親が孤立せず、社会資源も活用しながら、人との交わりの中で子育てをしていくことだろうと思います。「孤立した密室」の子育てだけでは、子どもは健やかに育っていきません。

*前頭前野：人を人たらしめ、思考や創造性を担う脳の最高中枢。

4.「しつけでやったんだ」

子どもの人格を尊重したうえで、コミュニケーションを図りながら教え諭していくことが「しつけ」ですが、今も「しつけ」と称した虐待は後を断ちません私の記憶に、今も鮮明に残る事件があります。二〇一〇年一月江戸川区で海渡（かいと）くんという小学一年生の男児が継父による暴行で命を落とす痛ましい事件がありました。取り調べに対し、この継父（三一）と実母（二二）は「食事を一定時間に食べられなければ、普段からたたいてもいいと思っていた」「しつけだった」と供述しています。約一時間にわたり、海渡くんを正座させ、平手打ちなどの暴行を加えたのです。

就学を前にして、二〇〇九年春に祖母宅から引き取られた海渡くんは、母親と継父と三人暮らしでした。同年夏ぐらいから「うそをついたからやった」と暴行はエスカレートしていったようです。九月に歯科医から子ども家庭支援センターに虐待されているようだとの通告が入り、連絡を受けた学校は校長・担任で家庭訪問をするのですが、そこで継父は「二度と暴力は振るわない」と約束をしたというのです。この言葉を額面通りに受け取った学校は「しばらく見守りましょう」と判断。その後、学校を休みがちだったにもかかわらず、児童相談所も子ども家庭支援センター・学校が対応しているとして、三者の連携が不充分で状況が把握されないまま事件に至りました。

二〇一八年一月には、東京都目黒区で五歳の結愛ちゃんが父親に顔面を殴られ死に追いやられる事件が起きました。香川県から転居してきて間もない時に事件は起こりました。香川で暮らしていた時に、二度児童相談所に保護されたことがある結愛ちゃん。東京新聞の報道によれば父親は元職場の同僚に「結愛は内気な性格なので、小学校から環境を変えて明るくなって欲しい」と話していたそうです。同じ新聞報道によれば、父親は殴った理由を「言うことをきかない」「泣き声がうるさい」

と供述しているとのことでした。

「躾」しつけと読みますが、美しい所作を身につけさせるということを示しているそうです。一般的にしつけとは、社会のルールやマナーを教えたり、他人に迷惑をかけず自立した社会人として生きていけるように教えることと言われています。

しかし、虐待は、親の怒り・腹立ちをぶつける行為であり、子どものためではなく、親の威厳を保ち、子どもをコントロールし「服従」させる行為と言えます。

体罰・暴力はやりだしたらその頻度・強度は上がっていくのが常です。それでも子どもはその家から逃げることはできません。「僕が悪い、私が悪い」と思って親子関係にしがみつくしかありません。親の拳がいつ振り落とされるか、いつもびくびくしながら一つ屋根の下で暮らすしかないのです。

＊　＊　＊

私は、学童保育指導員は「しつけ」という言葉の誘惑といかに戦うかが大切だと考えています。学童保育の生活においても、例えば、子どもが注意を聞かずいつまでもふざけている時に、「そんなに言うことが聞けないなら、もう学童保育に来なくていい！」とか「そんなにいつまでもふざけているならおやつはなし！」とか「そんな態度なら、お母さん（お父さん）に来てもらって注意してもらいましょう」とか、いわば恫喝で子どもを黙らせようとする指導員等の対応はないでしょうか。これは許されることではありません。明らかに自分の感情をぶつけている行為です。しつけ以前に指導員としての責務・役割を放り投げているに等しい対応と言わざるをえません。

否定的な言葉で責めてみても、おさまらないことの方が多いと思います。指導員の感情も、その子の感情も高ぶるばかりではないでしょうか。目の前にいるその子の言動はどこに起因しているのか、そこにこそまなざしを向ける「ゆとり」を持ちたいものです。

悩ませてくれる子どもはいつの時代もどこの学童保育にもいます。一筋縄ではいかないのです。これまでもこれからも、指導員の仕事は生身の人間を相手にしている以上、悩むことはエンドレスです。悩んだりもがいたりしながら、実践の振り返りのなかでその子を理解しようとする姿勢と、声のかけ方関わり方の検証が求められてきた職業です。

子どもの育ちを支えるというとき、私は親だけで育てようと思わないことが大事だと、そして働きながら子育てする親仲間が交流する中で親の学びがあるのだと伝えてきました。指導員も多くの指導員仲間と交流し、思いを語りあう中に学びがあるのだと思います。「孤立した状態」からは独りよがりな対応しか出てきません。その結果、子どもの人権は忘れ去られ、子どもを大人に「服従」させる行為にまでエスカレートしてしまうのです。

5. 職員による虐待や不適切な対応も

認識しておいていただきたいのは、児童虐待は必ずしも親子間だけで起こっていることではないということです。過去遡れば、いくつかのケースが思い起こされるのですが、あってはならないことがありました。子どもに関わる職業に就いている職員による暴力・暴言です。子どもの人権を踏みにじるような差別的対応・虐待行為です。悲しいかな学童保育指導員が子どもにわいせつ行為をし、逮捕されるという事件もありました。

ある地域の放課後事業でこんなことがありました。ドッジボールをして遊んだあとのこと。「ボール片付けといて!」と声をかけたアルバイト指導員(男性)に、男児が「テメーで片付けりゃいいじゃん!」と返したそうです。この言葉にカッときたアルバイト指導員は、この子を投げ飛ばし、馬乗りになって首回りを締め上げたとのこと。この事態を聞いた両親は事実確認をしたうえで、警察に通告したというケースです。暴行容疑で逮捕されたこの事件は新聞にも載りました。

二〇一八年二月には、東京二三区内の放課後事業で六年前に起こった派遣職員による五年生男児への暴行ケースに対し、東京地裁から二四六万円の賠償命令の判決が出ています。

朝日新聞の記事によれば、ドッジボールのボールが顔に当たったことに腹を立てた指導員に身体を揺さぶられ、板壁に後頭部などをたたきつけられて六週間のケガを負い、三ヶ月後に心的外傷ストレス障害と診断されたということです。裁判長は指導員の暴行を違法行為と指摘し、指導員と派遣した会社に計二四六万円の支払いを命じました。

また、ある地方都市では経験の長い女性指導員が、いくら注意してもふざけをやめない男児に対し、長テーブルを故意にぶつけ、男児の腰あたりにアザができるということがありました。この女性指導員は暴力行為をしたことで運営主体の責任者と面談のうえ、解雇になったそうです。

悲しく悔しい思いを抱きますが、こうしたことは表立っていないケースも含めれば、相当数あるように思います。指導員も人間ですから感情をコントロールできずに、ついつい手が出てしまったということなんでしょうが、決して許されることではありません。

職業倫理として守られて当たり前のことが崩れてしまったケースは重く受け止め、二度と繰り返させないためのチームワークが求められます。

放課後児童クラブ運営指針第七章一には「(略)放課後児童支援員等の言動は子どもや保護者に大きな影響を与えるため、放課後児童支援員等は仕事を進める上での倫理を自覚して、育成支援の内容の向上に努めなければならない」と記載されています。

対子どもに限らず、対人援助の職に就く者全てに言えることですが、まずは自己覚知*を心得なくてはいけません。自分の価値観や感情、自分が今どういう状態にあるのか認識しておく必要があるということです。イライラしやすい自分を自己覚知しているから、イライラしないように自分を戒めることができます。自覚したうえで子どもや相談に来た保護者に向き合わないと、相手を受け止めることも理解することもできません。

自分の言動が子どもや保護者にどう影響するのかを自覚し、感情のコントロールができなければ、冷静に人の話に耳を傾けることも、対応することもできません。

身体的虐待のみならず、子ども同士の間で起こっているトラブル・いじめ等に向き合わず無視をする、理不尽な管理的規則で縛る、安全管理のためと称して過度な制限を加えるといったことはないでしょうか。

例えば、こんなことがあるようです。目の前が公園、目の前が校庭であるにもかかわらず、安全管理上、外遊びに行きたい子は整列させられ、指導員による点呼がおこなわれているケース。保護者からは「もっと子どもたちにのびのびとやらせてあげてほしい」といった声があがっていると聞きます。

また、おやつの時間におやつ当番の「静かにしてください」が連呼され、食べるまでに時間がかかりすぎて、「もう、がくどうのおやつ食べたくない。だって食べるまで時間かかりすぎだよ」と訴える子どもが複数出ている学童クラブもあると聞きます。

明治時代に初代文部大臣・森有礼によって提唱された運動会は、富国強兵を目指しての集団訓練を軸としたものでした。その名残で日本では、集団を前にしたとき、往々にして求めてしまうのが〈乱れのない秩序とまとまり〉でした。どうなんでしょうか？　このあたりのことは意見が分かれるかも知れませんが、訓練主義的に慣らそうとしているところはないでしょうか。安全管理のあり方を含めて検証してみてはどうかと思います。私としては、子どもにとって理不尽なことはないのか、その視点での振り返りが大事だと思います。

＊　＊　＊

運営指針第七章三には「放課後児童支援員等は、会議の開催や記録の作成等を通じた情報交換や情報共有を図り、事例検討を行うなど相互に協力して自己研鑽に励み、事業内容の向上を目指す職員集団を形成する」とあります。

良好な職員集団・チームワークが形成されていれば、職員の不適切な対応や子どもの人権をないがしろにするような対応を防ぐことはできると思います。民主的なミーティングの場で、子どもへの関わりを日々振り返る営みがなされていれば、指摘したり、気づいたりして関わりを修復・改善していけるはずです。

「こういう時はどうすれば？」といったQ＆A形式で検証をかさねていくことも、指導員一人一人の力量を高めていくことにつながります。

また、運営主体の問題ですが、公営民営いずれにも見られるのですが、学童保育所に入所できても「集団生活を乱す行為を繰り返した場合は退所してもらいます」という文言が運営主体のしおり等に記載されているという事実があります。インクルージョン（共生社会を目指す保育・教育）を謳う一方で、現実の生活場面では排除の姿勢がまかり通っている哀しい現実です。現に、ある地方都

Sけんが大好きだった子どもたち。毎回、汗だくで遊んだ。

市の法人運営の学童保育現場で、発達障害の子どもが親子で呼び出され、退所勧告されるということがありました。その子の生活の場を奪い、哀しみの谷へ突き落とす最も人権侵害にあたるケースだと思います。

*自己覚知（じこかくち）：自分とは違う価値観を持った他者を理解し、受容するためには自分がどのような価値観を持っているのか知っておく必要があります。人はそれぞれの価値観を持っていて、自分の価値観を押しつけては、他者理解はできないことを知らなくてはいけません。

第5章
哀しみの防波堤になり得る学童保育

1. 虐待となる前に指導員ができること

学童保育は、人と人をつなぎ、孤立を防ぐことに心を傾けてきた児童福祉事業のひとつです。携わる指導員の「パートナーとして、いっしょにこの子を見守り育てていきましょう」という親子への関わりと、保護者同士がふれあう関係は虐待防止になっていたと思います。

保育園同様、子どもたちの生活に深く関わる事業だけに保護者との接触は学校以上に多いです。一つ屋根の下での生活の中で、ひとり一人の変化に気づいてこられたし、双方向で生活の様子を伝え合う連絡帳や家庭訪問で家族の変化にも気づいてこられました。そうした学童保育で、この半世紀以上にわたって実践の振り返りを繰り返し、子どもや保護者の生活を守っていくうえで大事だと、確認してきたことを、あらためて書き出してみたいと思います。

その前に、なぜことさらに児童虐待が取りだたされるのか、おさえておきましょう。それは、虐待を受けている状況から一刻も早く救い出すか、その状況を改善していかなければ、大人になっても苦しみが続くからです。そして、被虐経験がある子どもでも、再び受け止め、愛してくれる大人との出逢いの中で愛情が注がれれば、回復（レジリエンス）していけるからです。

そうした出逢いが無いまま大人になってしまうと、ひどい場合は愛着障害、人格障害、摂食障害といった障害故の様々な問題行動が表出してきます。自尊感情が持てず、生きていく生活意欲の低落を招きます。愛着関係が育ちそびれると、自己抑制能力が育ちそびれ、他人に対する攻撃性もおさえられないといったことも問題行動のひとつとしてあらわれてきます。

だからこそ、児童虐待には焦点が当てられ、早期発見・早期対応が叫ばれているのです。

ここでは、児童相談所に通告しなければいけないような事態になる前に、そうならないために学童保育指導員としてできることを書き出したいと思います。

一時保護され、そこから施設で暮らすことになったら、なかなか手が届きません。というか、社会的養護での暮らしに移ると、施設職員の手にバトンを渡すことになります。

しかし、先にも述べたように、そうした子どもたちは極めて少なく、多くは再びその虐待のあった家庭で暮らしています。よって、哀しい思いを繰り返させないために、いわゆる再発防止を意識した関わりが保育士や学童保育指導員に求められます。

ひと言メモ

＊虐待を連鎖させないためにも、子ども時代に保障したいこと

↓・安定した情緒的支えとなる大人の存在。

・愛情が注がれ育まれること（親以外の大人に）。

・受け入れ、認められる人間関係の保障。

2. まずは「帰りたいところ」となるように

子ども及び保護者の生活を守っていくためにも、まず学童保育をどの子もが嫌がることなく、「帰りたい」と思える生活の場にしていくことが第一に求められます。子どもの発するＳＯＳや「異変」に気づけるのも毎日関わっていればこそです。子どもの「困っている状況」を見逃さない見守りの目を持つことにつながります。これが虐待防止の第一歩です。

子どもにとっては「また明日もね」と言える仲間意識が持てる人間関係と、生活の目当てが一人一人に根付いていかなければ継続的安定的な生活の場にはなっていきません。心から「やりたい！」と思える遊びと、それを一緒に安心して楽しめる人間関係が「帰りたい」と思える目当てとなっていきます。それが根付いていけば、家庭でいろいろあっても、明日を楽しみにできます。虐待や貧困にかかわって、極めて大事なのは、明日を楽しみにできる時空間をどれだけ創り出していけるかです。厳しい環境にあったとしても、生きていく意欲にかかわるところだからです。

保護者が働いているから学童保育所に入所した子どもたちは、学校に入って初めて「保護者が家に居る」子どもたちと出会います。下校時間になった時、互いに家に遊びに行く約束を交わしている姿を目にします。わずか六年しか生きていない子どもたちです。そんな光景に「いいなあ、ぼくも○○くんちで遊びたいなあ」「学童じゃなくて家にかえりたいなあ」と心が揺らぐのは当たり前です。

だからこそ、その葛藤を超えて学童保育所に足を向けられるだけの「生活の目当て」が根付いていなければ「自らの意思で、行きたいところ」にはなりません。

安心と楽しさを実感できなければ子どもは嫌になって来なくなることだってあります。家にこもって孤立の放課後を送ることもないとは言えません。だから、学童保育を必要とする家庭、とりわけ保育園時代から「支援を要する」とされた家庭については「切れ目のない支援」という意味で、学童保育での継続した生活を保障していくことが第一義になるのです。

「行かなければいけない子どもたち」だから「行きたいところ」にしていく、これこそが指導員に求められる要の役割です。まずは安心できる生活の場を継続的に保障していくことです。

3.「明日も遊ぼうね」と言える関係を

年齢にふさわしい遊びを安心できる人間関係のもとで楽しめるというのは、心理的・社会的発達の視点からも、子どもの権利条約の視点からも大切にされなければならないことです。

心地よい居場所になるかどうかは、そこの人間関係が問われます。人間関係こそが最大の環境とも言えます。遊びを軸とした生活を営む学童保育。そこでは誘い誘われの関係のなかで、判断する・

選択する・決断するそして実行する、この過程すべて自らが下していくことになります。放課後は誰に指示されるものでもなく主体的に振る舞う時間帯です。だからこそ、コミュニケーション力も育まれ、「受け入れられ・認められ・当てにされているという自己有用感」も実感できるのです。

人が成長発達していく道筋は二本あります。一本は出された課題に取り組むことを通して力を付けていく道筋です。もう一本は関わり合って育ち合う道筋です。そこは自分のすることを自分自身で決めていく領域です。前者が学校の授業・塾・習い事の領域で、後者が遊びの領域です。この後者の領域がなければバランスのとれた成長はできないのではないでしょうか。とくに生きていくうえでの力となる自己有用感は遊びの世界で実感できるものなのです。塾や習い事の世界で、いろいろ「できる力」を身につけたとしても、心理面で変調をきたしたら、その力は発揮できないことにもなりかねません。「遊びは子どもの主食です」と言われるのも、「心の栄養」を摂取する時空間がいかに大切か、それをないがしろにしてはいけないという警告です。

4. 「変」に気づく、困難に気づく

その子の遊んでいるときの表情・しぐさ・言動・服装・髪の毛・爪等々、目配り気配りしていると、見えてくるものがあります。何日も髪の毛が洗われていなかったり、洗濯がされていなかった

り、爪が伸び放題だったり……そこからその子の「暮らしぶり」が見えてきます。見えたら、どう対応していくのかをチームで話し合ってください。チームで共有するところから支援が始まります。

指導員には、日々子どもと一緒に遊び、共感するなかで、子どもから「心の内なる声を聴いてもらいたい」と思ってもらえる指導員になってほしいと切に願います。子どもの中には困り感や辛さに気づかれないように振る舞う子どももいますから、なおのこと指導員には「異変」に気づける感度が求められます。その感度はチームでの日々の振り返りの中でこそ鍛えられていくものです。それぞれの指導員が見た場面関わった場面を出し合う中で、子どもの見方・捉え方を検証する時間は必須のものです。子どもは心の拠り所にできる指導員が隣にいてくれるだけで、どれだけ心強いか。いつも気にかけてくれている、いつも見守ってくれている、いつも思いを聴いてくれる存在を実感できることは、生きていく力となります。愛着形成に不全があった子どもも、再び愛してくれる大人との出会いで「回復（レジリエンス）」していくのです。保護され、施設や里親家庭で育った被虐経験のある子どもも、職員や里親に愛情を注がれて回復していってます。ちなみに学童保育に被虐経験のある子どもが入所してくることはめずらしいことではありません。

保護者に対しても同様です。とりわけひとり親の場合、一人での子育てのしんどさや生活のきつさに、指導員はいつも気にかけてくれていると思えることが大事です。保護者は指導員のまなざし・気遣いが伝わってこそ、しんどさや日頃感じている胸の内を聴いてもらいたいと思うものです。子育てにエールを送りながら、「ひとりぼっちじゃないよ、一緒に育てていきましょうね」というメッセージが大切です。孤立の子育てにならないように「お疲れ様」の声をかけあう関係を紡いでいくことが虐待防止につながります。

5．気持を聴く

子どもは「受け止めてくれる」と、安心感を抱く大人にいろいろと出してきます。先にも書いたように、子どもが「この指導員に話したい、聴いてもらいたい」と思う指導員は共感的に受け止めてくれると感じられる大人です。子どもにとって、聴いてもらうことは、不安感・孤立感を癒やし、情緒の安定と元気回復の時間になることが多いのです。なぜなら、満たされてこなかったもの（聴いてもらいたいとの思い）を埋めていくことにもなるからです。人はわかってくれる人が居てこそ安心し、頑張れるし、変わっていけます。

ひと言メモ

＊虐待にかかわって、子どもから聴き取りをする場合に留意したいこと

→・あらかじめ関係者で協議しておく。

・できるだけ、静かで落ち着いた場所でおこなう。尋問のような座り方は避ける。

・詰問調にならない。子どもが安心できる聴き方を心がける。非言語コミュニケーションも大事（うなづいたり、顔の表情）。
・できるだけ、オープンクエスチョンで聴く（うん、はい、いいえ、といった応えではなく、「その時、どう思ったの？」といった質問で、その子の思いを言葉で引き出す）。
・親のことをことさら責めない。
・子どもの話すことを否定せず、受容的に受け止める。子どもの言ったことを繰り返してあげる。
・聴き取りの回数はできるだけ少なくする。

＊子どもは自分が悪いから親を怒らせるんだと、そう思うことで親との距離を保とうとすることが多い。
＊生活場面で、家事、衛生にかかわる体験ができるように配慮する。
例えば、ご飯の炊き方・おにぎりの作り方・爪切り等々。

6. 困っている状況に手をさしのべる

困難を抱えている家族、虐待のリスクが高い家族が入所している場合、まずは学校・保育園・福祉事務所等々その家族に関わる関係機関の職員が集まって、関係者会議を持つことが求められます。

その家族をとりまく状況を共有することから、今何に困っているのか、アセスメント（見立て）が大事になってきます。そして、今後それぞれのポジションでどう対応していくのかを確認しておく必要があります。

少なくとも、学童保育所だけで抱え込まないことです。指導員ができることと、できないことの確認をしたうえで、できないことはどこへつなぐのか、まさに連携とチームワークが問われるところです。

離別、疾病、失職、家族には様々なことが起こります。そしてそれはどの家庭にでも起こりうることです。それに伴って派生する生活困難や養育困難にどういう支援策があるのか、児童福祉に携わる指導員としては、知っておいてもらいたいところです。知らなければ、困っている保護者を前にして情報提供すらできないことになります。

まず、保育園から入所してくる要配慮家庭については、諸々の支援を受けていることが多いのでしっかり引き継ぎをすることです。

被虐に関しては、児童虐待防止法六条に通告義務が記されていますが、これは基本的に親子が再び安心して暮らせるようにする関係修復のためであることをおさえておくことが必要です。

虐待行為に及んでしまう親も、個人的資質がある（怒りやすい、体罰是認など）ケースも含め、「どうしようもない親」と見るのではなく、そこまで追い込まれてしまった親、援助を必要とする親という捉え方で支援していくことが大事です。

親子分離は、あくまで子どもの生命を守り、親に二度と虐待をしないと内省をしてもらう援助過程であって、目指すのは再び安心して家族が暮らせるようになる「家族再統合」なのです。だから、虐待ケースでは守秘義務より通告義務が優先するし、児童相談所が親子の様子を聴き取るため調査訪問をしてきた時にはその調査に協力することになっています。

養育困難を巡っては、「養育支援訪問事業」があります。この対象者は「子育てに対して強い不安や孤立感等を抱える家庭、不適切な養育状態にある家庭、虐待やそのリスクを抱え、特に支援が必要と認められる家庭、施設等から児童が家庭復帰した家庭」などです。訪問支援者は必要な研修を受けた保健師・看護師・保育士・児童支援員等が担当し、育児家事援助についてはヘルパー等が実施する事業です（詳しくは養育支援訪問事業ガイドライン参照）。

また、各自治体の福祉事務所には「母子父子自立支援員」（公務員で一般的には社会福祉主事、児童福祉司の経験が求められます）が配属されており、母子家庭の就職、子どもの教育、資金の貸し付けなどの相談・指導を行っています。

一方、児童相談所には親子の相互交流を促しながら適切な養育ができるように指導するケアプログラムやＰＣＩＴ（ペアレント・チャイルド・インターアクション・セラピー：親と子の相互交流セラピー）などを実施している治療指導課という機関があります。親の不適切な関わりが課題となっているケースなどは、ここにつなぐこともできます。

7．共育てのパートナーに

学童保育は、放課後及び学校休業期間における子どもたちの福祉（ウエルビーイング：より良く生きること）を保障することで、働きながら子育てする家庭を支える事業です。

だから、保護者に対しては、働きながらの子育てを共感的に理解し、保護者が子育てについての悩みや思いを出せるよう、「共育て」のパートナーと思ってもらえる信頼関係づくりに努めてきたのです。保護者が「ここなら安心して我が子を託せる」と信頼を寄せるようになるのは、指導員が子どもたちと向き合う、そのまなざしや姿勢が伝わってくるところからはじまります。顔がみえないから相談しやすいという電話相談を除けば、「顔の見えない関係」ではなかなか一歩が前に出ません。わが子のことを生活レベルで知ってくれているから相談してみようかと思えます。学童保育で、生活の場にふさわしい適正規模と指導員の安定した継続性が求められるのは、こうした信頼関係を構築していく上で大事な条件となるからです。

一方、連絡もなく休んだりする子には心寄せながら働きかけることも欠かせません。保護者は、子どもが楽しんで通えていてこそ安心して仕事ができるのですから「来るも来ないもその子の意思」として済まされていく全児童を対象とした放課後事業と決定的に違うところです。

指導員は子どもたちの生活と指導員のかかわりをいろんな機会（保護者会・個人面談・家庭訪問・立ち話・電話・通信等々）を通して伝えていますが、その子の家族関係を理解するためにも双方向の伝えあいを大事にしてきました。しかし、ゆとりのない厳しい家庭環境だと、連絡帳に向かうこともできないと思います。それでも、私たちは伝えることを怠ってはいけません。保護者は書けなくても、読んでくれています。

8. 保護者をつなぐ、孤立させない

ダブルワークしているひとり親家庭では、聞いてもらいたいことも飲み込んで暮らしている子どもが存在します。塾・習い事どころか、食卓や風呂（水道・ガス）も切り詰めて暮らしている家庭もあるなかで、指導員にはその子を取り巻く状況を見極める力が求められます。学校や社会資源（子育てを支援する機関：保育園、学童保育、こども発達支援センター等）と連携しながら、親子が社会的に孤立していかないようにつなぐ力も求められます。

生活にゆとりが無いときは、「保護者仲間」の中に入っていけないものです。それだけに、せめて指導員の暖かいまなざしと声かけが求められます。

とはいえ、「放課後児童健全育成事業の設備及び運営に関する基準」（概ね四〇人以下）をはるか

に超える異年齢の大規模集団を前にして、一人ひとりに寄り添うことはできないと思っている指導員も少なくありません。だからといって「仕方がない」ではすまされません。「生活の場」を保障するというのは「場」を保障するだけの話ではなく、子どもたちが自らの意思で毎日帰りたいと思える居心地のいい居場所を創っていくことです。

自分のことをいつも気にかけてくれて、声をかけてくれる指導員や仲間の存在を感じられなければ居場所にはなりません。少なくとも指導員には、子ども一人ひとりが安心してかかわりあえて、〈また明日もね〉と言い合える関係づくりを常に意識し、実現していく姿勢を持ち続けてほしいと願います。そのためにも、その子・その保護者の「困り感」に気づく力や、人間関係を見極めるまなざしも求められます。子どもや保護者の生活に心寄せて、向き合うことが虐待防止の一助となります。

「孤立の子育て」にならないように、子どものかかわりあって育ち合う姿を見る機会や保護者が触れ合う機会（行事）を創って、保護者同士をつなぐようにしてきた学童保育。この保護者同士のつながりは、日ごろの子育てについて、気軽に立ち話やメール交換ができる関係を生活圏の中に創り出してきました。休日などには一緒に行楽に出かけたり、子どもを預け預かるつながりにもなっていました。いわば孤立の子育てを防ぐインフォーマルなソーシャルキャピタル（支え合う関係）になっていたのです。そうした関係の中で保護者は我が子の仲間関係を知り、家では見られない面を見ることができていたし、子どもを理解する機会にもなっていました。そればかりではありません。保護者と指導員の協力協働の関係性は、ソーシャルサポートネットワークとして機能し、学童保育の充実に向けた社会的アプローチも重ねてきました。増設をはじめとして、障害児の六年生までの学年延長や、朝・夕の保育時間の延長など、行政に働きかけてきた歴史があるのです。放課後及び学校休業期間の生活保障と学童期の子育ち・子育て支援に携わる指導員は、ケアワークにとどまらず、相談援助をはじめ保護者を繋ぎ、関係機関にもつなぐ、ソーシャルワークの役割も努めてきたと言えます。

ひと言メモ

＊社会的孤立の状況とは

↓・身近なサポーターがいない。

・社会資源とのつながりがないことで困難を深める。

・生活にストレスが積み重なっていく（経済不安・夫婦不和など）。

＊相談業務における原則↓　援助者の基本姿勢

バイスティックの七原則（一九五七年『ケースワークの原則』という著書で示したソーシャルワークの原則。アメリカの社会福祉学者）

（ア）クライエント（相談しに来た人）を個人として捉える（個別化）。

（イ）クライエントの感情表現を大切にする（意図的な感情表出）。

（ウ）援助者は自分の感情を自覚して吟味する（統制された情緒的関与）。

たのしいたのしいおやつ作り。自分たちのおやつ作りは、みんな真剣です。

（エ）受け止める（受容）。
（オ）クライエントを一方的に非難しない（非審判的態度）。
（カ）クライエントの自己決定を促して尊重する。
（キ）秘密を保持して信頼感を醸成する。

第6章

学童保育における家族支援

1. 指導員の仕事って

二〇一三年、社会保障審議会児童部会の放課後児童クラブの基準を検討する専門委員会で、学童保育に携わる指導員の資格が検討されました。そこで「児童の遊びを指導する者」と謳えばいいのではないかとの意見が多く出されました。

私は、学童保育指導員の仕事内容からして、その資格を「遊びを指導する者」とするだけでは、仕事全般に対応できないと言ってきました。たしかに「遊びを軸とした生活を営んでいる」学童保育です。定められた課題・カリキュラムのない放課後という時間帯に、遊びの好みも関心も違う子どもたちが異年齢集団で過ごす生活の場です。だからこそ、なにより一人ひとりの子どもがありのままの姿をさらけ出してもなお、居心地良く居られる関係性を創りだすことが指導員の仕事の要だと指摘したのです。

繰り返し述べますが、子ども同士の人間関係が安心できる関係として、安定的かつ継続的に維持されなければ、学童保育に帰ってくるのも嫌になります。毎日自らが「行きたい」「がくどうに行って、〇〇するんだ！」と思える生活の目当てが持てないと継続して通うことはできません。まだまだ大人に依存しながらこれからいろいろな力を付けていく年齢の子どもたちです。だからこそ、安心と信頼を寄せる大人（指導員）の存在が必要なのであり、その指導員からの適切な援助とサポート（見通しを持った意図的な働きかけ）が子どもたちの成長発達を促すことになる年齢なのです。さらには一人ひとりの子どもたちの現状を働く保護者に伝えるという仕事も担っています。その保護者からの相談に対応することも求められます。

保育園の保育士を「遊びを指導する者」というだけでは言い尽くせないのと同じです。全国学童保育連絡協議会がまとめた『テキスト指導員の仕事』で文章化されたように、指導員の仕事は多岐にわたります。なかでも、学童保育指導員の仕事は「生活支援」の面が多分に含まれていると言えます。先に述べたように、子どもに寄り添い、受け止めるかかわりは指導員の大事な仕事です。発達障害の子はもとより、障害はなくても、人とのかかわりに大人の手立てを尽くさなければいけない子が増えてきている状況があります。その子が抱える課題については、その子自身の成育過程における発達課題という側面と、取り巻く環境との関係で見たてていかなければいけない側面とがあります。職種で言えば、スクールカウンセラーの領域と、スクールソーシャルワーカーの領域*があるから両職種が学校に存在するのです。児童相談所でも臨床心理士の見立てと社会福祉士（任用資格で言えば児童福祉司）ソーシャルワーカーとしての見立てを突き合わせながら、その親子の見立てをしています。

私は、学童保育学会紀要の学童保育第一巻（二〇一一年）に「子育ち・子育てを支える学童保育の社会的役割に関する一考察～孤立の子育て・関係性の貧困の防波堤になってきた学童保育」と題し、学童保育指導員はソーシャルワークの役割も担ってきたと書きました。その子を取り巻く環境（親子関係、友だち関係など）を見たてながら、その子の抱える課題を解決しようとしてきたことや、関係機関と連携しながら支援の手立てができるところにつないでいったことを振り返ると、その営みはまさにソーシャルワークそのものだったと言えます。だからといって、学童保育指導員に社会福祉士の資格を、と言うつもりはありません。というより、私が言いたいのは、そうした対人援助の仕事をしてきているのも指導員だということです。しいて言えば、指導員の研修内容に今後、ソーシャルワークの相談援助技術やロールプレイなどを取り入れていく必要があると思います。

以上のように、学童保育指導員は生活支援（プレイワーク＋ケアワーク＋ソーシャルワーク）*と言う固有の役割を担う職種として認知されてしかるべきと私は考えています。

＊プレイワーク：子どもに遊びを伝える・一緒に遊びを企画する・集団遊びのリーダー役を時には担う・遊びに入れるように働きかける・子どもをつなぐ等々

＊ケアワーク：体調や衛生面の気配り・もつれた人間関係の調整・寂しさや辛さに寄り添い子どもの声に耳を傾ける等々

＊ソーシャルワーク：保護者に子どもの様子を伝える・保護者の相談に応じる・保護者をつなぐ・保護者との協働・行政や関係機関、地域への働きかけ等々

＊カウンセリングとソーシャルワーク：個人の発達課題を見極めたり、知能テストでその子の能力を判定したりという臨床心理士は、その子の個別の課題に心理モデルで対応しますが、社会福祉士はその子を取り巻く様々な人間関係、置かれた環境に着目して課題解決のために調整したり、援助の手立て

をしていきます。

ちなみに、児童相談所における子どもの診断にも「心理診断」と「社会診断」があります。

2. 役割を果たすことが支援の第一歩

「要保護性の高い」家族への支援の問題と放課後事業の関連で言えば、毎日子どもが通ってこられる場になっているかどうかが大事なポイントです。子どもの服装や表情、身体に見られる変化など、毎日見ているから気づけるというところは先述したとおりです。

その意味では児童館や全児童対策事業は、毎日通ってこられるよう配慮したり働きかけをする事業ではありませんから、変化に気づきにくいと言えます。保育料がらみで、毎日学童保育の代わりに「代替利用」している子どももいますから、一概には言えない場合もあります。児童館によっては、昨今の家庭事情をおさえた上で、ていねいに子どもたちを受け止めているところもあります。

子どものつぶやきがSOSだったりすることもあるだけに、隣に寄り添って耳を傾けられる人間関係と体制（指導員と子どもの適正な数など）は極めて大事です。子どもがSOSを発していても、指導員がそのことに気づけない、キャッチできないとしたら論外です。

そもそも虐待防止法で通告*が謳われたのは、親が自ら助けを求めることはほとんど無いからです。

よほどのことをされていればともかく、子どもも親をかばいます。子どもから「叩かれるから家に帰りたくない」と訴えがあって、学校で一時保護したケースもありましたが、まれです。

＊児童虐待の防止等に関する法律
第五条第一項「学校、児童福祉施設、病院その他の児童の福祉に業務上関係のある団体及び学校の教職員、児童福祉施設の職員、医師、保健師、弁護士その他の児童の福祉に職務上関係のある者は、児童虐待を発見しやすい立場にあることを自覚し、児童虐待の早期発見に努めなければならない」
同第六条「児童虐待を受けたと思われる児童を発見した者は速やかに、これを市町村・都道府県の設置する福祉事務所若しくは児童相談所又は児童委員を介して市町村・都道府県の設置する福祉事務所若しくは児童相談所に通告しなければならない」

保育園や幼稚園、学校もそうですが、連絡もなく休むというのはひとつのキャッチすべきサインです。学童保育も然りです。虐待に限らず、養育困難家庭についても要保護性は高いので、見守りのなかに子どもを置くという意味で大事な視点です。連絡もなく休む子がいた場合、必ず連絡を入れていると思いますが、この際の「いかがですか？」のやりとりで見えてくるものもあります。

「要保護性の高い」家族への支援という場合、どのタイミングで、どこまで踏み込めるのかが指導員を悩ませる問題だと思います。ここで押さえておいていただきたい点は、学童保育で掴んでいる情報と見立てだけで判断しないということです。学童保育で気になる子が出てきたら、学校ではどうか、弟や妹がいれば保育園ではどうか、学校・保育園の先生方、ケースによっては子ども家庭支援センター・主任児童委員など行政機関の職員を交えた関係者会議を開いてください。見えていないところが見えてくる場合があります。情報を共有し、アセスメント（見立て）をしっかりすることです。今、どういう状況にその子はいるのか、見守っているだけでいいのか、見極めることが求められます。見守りというのも曖昧で、誰が何をしながら見守るのか、そこまで考えなくてはいけません。

運営指針第三章三（一）児童虐待への対応にこう表記されています。「児童虐待が疑われる場合には、放課後児童支援員等は各自の判断だけで対応することは避け、放課後児童クラブの運営主体の責任者と協議の上で、市町村または児童相談所に速やかに通告し、関係機関と連携して放課後児童クラブとして適切な対応を図らなければならない」。

＊　　＊　　＊

これまでも、私が講師としてお邪魔させていただくなかで、児童相談所がらみのケースを抱えている学童保育は少なくないと思っています。そこで必ず申し上げてきたことは、何度でも言いますが、学童保育だけで抱え込まないということです。

もうひとつは学童保育として出来ることは何で、支援をしていくためにはどの機関、どの社会的資源に繋げばいいのかをきちんと話し合うことです。大事なのはその保護者が困っていることに必要な手立てをしてくれるところにつなぐことです。

学童保育の指導員にできることは、いや、しなければいけないことは、しっかりその子を学童保育に通わせて、元気を回復できる楽しい時間をともに過ごすことです。そしてその様子を、厳しい状況下で頑張っている保護者に、連絡帳、電話、立ち話、時には時間をかけた面談で伝えることです。そのうえで、ひとりじゃないよと伝え、社会的に孤立していかないようにすることが大切です。一緒に悩み考え、社会資源の情報提供ぐらいしかできないかもしれませんが、それが大事です。一緒に悩んでくれる人がいるだけでも、どれだけ支えになることかしれません。

3. 安心して居られる人間関係を紡ぐ

学童保育は、塾や習い事と違って、やりたいことや興味関心の違う子どもたちが異年齢の集団で生活しているところです。保護者の願いと選択で入所した子どもたちが、入所後は自分の意思で通わなくてはいけません。時には家に帰りたいと思う日もあるでしょう。しかし、来なければ来ないでいいと済まされる事業ではありません。行きたい時に行って、帰りたくなればいつでも帰れる遊び場と違うところです。

だからこそ、指導員には、保護者と連絡をとりながら、子どもたちが嫌がることなく毎日「(学童保育に)行きたい」と思えるように一人ひとりへの配慮と働きかけが求められます。不安で小さな胸が張り裂けそうな入所当初は言うまでもありません。入所してくる子どもの中には、その保育園あるいは幼稚園からたった一人という子もいます。

ある年のこと、あゆみは父親の転勤に伴って、転居してきました。一年生になる春のことでした。入学にわくわくと胸ふくらませるどころか、不安でいっぱいだったようです。親子して周りには誰一人知った人がおらず、迎えた四月一日は涙のスタートとなりました。学童保育クラブの玄関に入るや足が前に出ない状態になってしまったあゆみ。立ち尽くしてシクシクと始まったのです。その涙に、今から初出勤する母親も涙するという光景。「お母さん、大丈夫！　あゆみは我々に任せて、行ってらっしゃい」と母親を送りだしたあと、二年生になるすずかが胸に付けられた名札を見て「あゆみちゃんっていうんだ。塗り絵しようか？」と声をかけてくれました。これに応じたあゆみは、塗り絵をしながらすずかの質問に答えるうちにシクシクも収まっていったのでした。「こんどは、プラ板やってみる？」と声をかけてくれるすずか。このすずかも一年前は六時近くになると決まって「おなか痛い」と訴えてくる女の子でした。集団で帰宅する際も、枝分かれしたあとに、一人で人通りの少ない道を歩いて帰ることに不安を抱き、帰宅後も、一人で母親の帰りを待つ不安を腹痛で訴える子でした。五月の上旬まで、彼女が自信をつけるまで私が送り続けた子でした。だから、あゆみの不安にも心向けることができたのでしょう。

公園遊びで元気に走り回ったあゆみは、心配して早目に迎えに来た母親に「お母さん、楽しかったよ」と、飛びついていきました。母親の目からは朝とは違う涙がこぼれていました。四月一日、全国津々浦々の学童保育で見られる光景だと思うのですが、実に学童保育を象徴するシーンだと思います。

指導員にとってまずは、五時六時七時まで安心して居られる生活環境（楽しいと共感しあえる子ども同士の人間関係が最大の環境）を子どもたちと創っていくことが要の仕事になるのです。そのためにも、一人ひとりをわかろうとすることがスタートになります。その上で、先にも書いたように、毎日行きたくなるような生活の目当て（やりたい遊びと仲間）と帰属意識、自己有用感が持てる子ども同士の関係を紡いでいくということです。

学童保育は、子どもたちに一律の課題を与えて、それに向かわせるという生活スタイルではありません。指導員が敷いたレールに乗せていくというのでは、レールに合わず、頑張れない子はやめていくしかありません。指導員は、一人ひとりの違い、その多様性・個別性を考慮し、さまざまな遊び・活動を創りだしながら「その子その子のやる気」を引き出すことに心傾けるというスタイルで生活を営んでいます。遊びを通して人とかかわる力が育くまれ、人に認められ受け入れられているという実感が子どもたちの自己肯定感・自己有用感につながります。

「明日もやろうね」と言えるような充実感がバランスのとれた成長には欠かせません。仮に家庭でいろいろあったとしても、放課後の時間、楽しく過ごせることは、その子にとって元気回復の場になるのです。児童相談所にいた時かかわったケースで、学童保育がその子の唯一の「安心してはじけられる場所」だったということを思い出します。

4. 心の拠り所

学童保育は、在籍の多くが低学年で、大人に依存しながら、行きつ戻りつしながら自立に向け成長していく過程にある子どもたちです。六歳～八歳という年齢はまだまだ信頼できる大人（指導員）の見えるところで遊びたがるし、見ていて欲しい年齢です。いわば安心できる港があるから大海原に出て行ける船のごときです。中には、これまで述べてきたように保護者の労働実態や家族構成から、ゆとりある親子関係を持てないまま生活している子どもたちや「障害」のある子どもたちもいます。

だからこそ、指導員には、一人ひとりの子どもの言動をエコロジカル（環境と切り離した個人ではなく、いろんな人と人の関係の中にいる個人という捉え方）な視点で理解し、「困っている状況」には援助の手をさしのべることが求められるのです。これからの生活の中でさまざまな力を身につけていく年齢だけに、生活の援助や遊びのサポートが成長発達を促すことにつながります。

子どもたちは「自分のことを判ってくれている」指導員に「おかえり」と迎えられることに安心を実感します。指導員が子どもの「心の声」に耳を傾け、子どもからすれば「いつも見守ってくれている、あるがままの自分を包み込んでくれる」との実感が持てる関係性は、不安感、孤立感、自己評価の低落を防ぐことにつながります。

気持ちを聴いてもらえるだけでもいい、そういう存在がどれだけ必要か、どれだけ支えになるか。子どもは、いつも声をかけてくれて、「つらさ」にも気づいてくれる指導員を心の拠り所にします。それだけに、一人ひとりに寄り添える、信頼関係が築ける規模〈支援の単位〉は大事な環境条件となるのです。

5．もうひとつの家族のかたち

養育家庭制度ってご存知でしょうか。里親制度と呼ばれているものです。現在、社会的に養護されている子どもたちは全国で約四万人強。その内児童養護施設に約二万六千人、ファミリーホームを含む里親家庭に約六千五百人が生活しています（二〇一七年三月現在）。学齢児であれば共働き里親の家庭から学童保育に通っている可能性が十分あります。私が知っている里子は学童保育でいろいろな体験をしてめいっぱい楽しみ、里親もその姿に喜んでいました。データはありませんが、全国的には相当数いるのではないでしょうか（里親姓で通っていることが多いと思います）。

虐待や親の精神疾患等による養育困難から、実親と一緒に暮らせなくなった子どもたちが、実親の承諾（実親と連絡が取れないケースや実親が拘禁されている場合には児童相談所の判断もある）のもと、施設より、より家庭的環境で養育された方がいいとして養育家庭（里親家庭）で育てられる「子どもの福祉実現の制度」です。児童養護施設同様、一八歳で自立するまで（短期もあるし、二〇歳までの延長もある）里親家庭で暮らすという仕組みです。これは研修受講後認定登録された里親の「私的な空間」で、「公的な養育」を営んでもらう制度です。よって、その里親の「我が家風」・我流の子育てではなく、児童相談所が作成するその子の自立支援計画に基づいて養育してもらう、いわば協働の子育てです。

この里親養育を巡っては、孤立した養育にならないよう、オープンな子育てが促されています。里親「反応性愛着障害」や「発達障害」「試し行動」が養育中に出てくることも珍しくない状況下で、里親一家庭だけでの養育は困難という判断からです。家族支援が求められる所以です。なにせ、里親は二四時間三六五日里親ですから、家庭訪問での相談対応はもとより、家事育児援助事業やケアの学習プログラム（親の子へのかかわりを学ぶプログラム）で支援体制をとっています。学習ボランティアを里子につけたり、レスパイト（預け預かり合う）仕組みもつくっています。

妊娠出産を経て母親になっていくのと違い、児童相談所から紹介された時から、里子が暮らす乳児院や児童養護施設に数か月通い、その子と交流を重ねるなかで里親子の絆を強めていきます。血はつながっていなくても家族はともに暮らすなかで創られ、多くの里親家庭では里子たちが安心できる環境の中で「生き直し」をしています。里親の実子がいる家庭では兄弟姉妹として生きていきます（実子がいても、実親と暮らせなくなった子どものお役にたてばと里親登録される方は多くいます）。参考までに、日本では施設八割、里親二割という措置状況ですが、欧米では逆で、圧倒的に里親養育が主流です。

私は何故ここで里親子の話を述べたかということですが、協働の子育てと言う点で共通項があるからです。毎月開かれる定例里親サロンは学童保育の父母会の雰囲気です。異年齢の里親が互いに近況報告というかたちで子育てを交流し、年間通しては学習会のほか、デーキャンプやボーリング大会、ハイキング、飲み会など親子の交流会を企画し、実施しています。

乳児院や児童養護施設で暮らしてきた子どもたちを育てていくのですから、様々な不安もあります。その子の人生を引き受けた里親たちは実に献身的に、愛情をもって向き合ってくれています。「こんな時どうすれば?」と戸惑うこともあれば、「試し行動」に疲れを感じる時もあります。里子からすれば、「こんな僕（わたし）でもうけとめてくれるの?」と愛情確認の時間でもあるわけです。そういう経験を重ねてきた先輩里親の経験談やアドバイスは、なによりも心強いし、励みにもなります。同じ立場だからこそ判りあえる連帯感は、支えあう関係につながっていきます。

その点では学童保育に子どもを託す共働き・一人親家庭の保護者も同じです。働きながら子育てする大変さを知るからこそ、共感しあえます。話を聞いてもらうだけでも元気を回復していけます。顔の見える関係ができると、子どものために何かしようという気運になっていきます。「このあたりが改善されるといいね」といった思いを共有すると力を合わせて声を挙げていきます。楽しい企画も出てきます。これが父母会の原点です。里親のつながりも似ています。

ある里親は、里子が通う保育園の保護者会で「私たち夫婦は里親です。この子を迎えて初めて親をやってます」と宣言しました。同席していた保護者からは「家族の形はさまざま。よく話してくれました。これからも仲良くしてくださいね」と言われたそうです。

保育園も学童保育も、こうした里親里子を支える場にもなっているのです。

6．福祉としての社会的役割

あらためて、学童保育の社会的役割って何ですか？　と聞かれれば、これまで、子どもたちの生き生きとした放課後の生活を継続的に保障することで、働き続けながら子育てする家庭を支えること、と答えてきました。

福祉としての学童保育は、福祉の視点から必要とする子どもたちすべてに保障され、貧困・養育困難家庭を支える役割を担う事業であることを添えたいと思います。もちろん、これまでも全国各地の学童保育で、その役割を果たそうと尽力された指導員が数多くいました。だから新たに提議するということではありません。今日の子どもたちが置かれている状況に対しては、一人ひとりの子どもを理解し、そのうえでその子にあった援助の手立てを尽くしていく、言わば「個別化」と、寄り添うかかわりが求められているとの認識を共有できると思います。「子育て」とは「子どもに、手を尽くす」ことです。しかし、大都市で広がる全児童対策事業は、個別化とは反対に、広く浅く「小学生全般」という括りに対して「遊び場・活動の場」を提供すればよしとする施策になっています。これでは「援助を必要とする子ども」は置き去りにされるのではないかと思っています。

さらに、気になるのは、学童保育が、目的も役割も違うこの事業に足を引っ張られていないかということです。登録は「学童保育」として分けられていても、五時まで「連携という名の一体化」という状況の中で、「安全保護」が強調され、本来の指導員の仕事ができずに葛藤している指導員が、多くいるのではないでしょうか。本来の学童保育の役割を果たすためにも、「保育料を払っていても、一般登録と学童登録とに差を感じない」との声も受け止めておかなければいけません。

全国的にみれば、民間の学童保育も保育料は頭の痛い問題です。これは国、自治体の公的補助をもって保育料免除を徹底するしかありません。

貧困はお金だけの問題ではありません。繰り返しになりますが、子どもの心に浸食していく不安感や自尊感情の低下、孤立感に気持ちを寄せながら、回復させていくかかわりが絶対に必要です。家族が抱える問題を理解して、問題解決の方向を一緒に考え探る、家族に対してはそれしかできないかもしれませんが、それが大事なのです。一緒になって考えてくれる存在がいないと、「社会的に孤立」していきます。学童保育の申請時期も、仕方もわからない（いや、わかっていても向き合えない）人もいるのです。困窮してくると、わが子の放課後生活にまで意識が及ばなくなります。だからこそ、申請時期がくれば保育園の年長組の担当保育士と連携して、学童保育につなぐことを意識してほしいのです。これが福祉としての役割の第一歩となります。まさにソーシャルワークです。ちなみに、学童保育（放課後児童健全育成事業）は社会福祉法で第二種社会福祉事業に位置付けられている事業であることをもう一度しっかりと意識しておきたいところです。

7．人と人のつながりこそが支えに

九〇年代後半から二〇〇〇年代に入って以降、保護者の労働実態や生活環境の変化を背景に、「父母会を開いてもなかなか集まらない」「疲れてしまって、夜の会合に出ていけなくなった」「わずらわしい」「ゆとりがない」などの声を耳にするようになってきました。

公立公営のところでは父母会に指導員が参加することに規制をかけている（指導員が参加できないところは学童保育の部屋も使用できない）ところもあります。全児童対策事業をすすめている地域によっては、顔の見える関係もままならず、保護者としてのつながりは極めて個人的レベル、メル友レベルになっているようです。大変残念なことです。

あらためて、保護者が支えあう関係を創っていく上で、指導員の関与は欠かせないと思います。指導員がファシリテーターとなって、地域別や学年別のサロン（子育て懇談会・交流会）を開催し、保護者が互いを知る機会を創っていくことぐらいは、父母会のないところでも仕事としてできることです。開かれた大人のつながりを再生させていく手立てです。

子育ては各家庭で営まれますが、子どもは家庭だけで育っているわけではありません。働く親の子どもたちは保育園・学校・学童保育と社会的資源のなかで、多くの大人に育まれ、多くの友だちと触れ合う中で、かかわりあって育ちあっています。子どもの育ちの問題にしても、貧困問題にしても、わが子を取り巻く子どもたちの課題を当事者意識で受け止め、ともに考えあう土壌を作れば、対岸の他人事として見ている目も変わってくるのではないでしょうか。辛い思いをしている子がいれば、その子をどう支えていくかの課題を、大人一人ひとりの課題として考えられる、そんな大人社会を再生していきたいものです。

＊　＊　＊

自己責任、「自分の子は自分の手で」という新自由主義的価値観が家庭にまで入り込んだ日本で、親族が近所に居ない家庭では親が病気になったりしたら大変です。今では専業主婦家庭でも保育園の「ひととき保育」が利用できたり、幼稚園で一七時までの「預かり保育」が利用できたり、NPO法人で預かり保育をしてくれたりするところが増えてきました。核家族時代の子育ての大変さが認識されてきたからでしょう。なかでも子どもが多動性の自閉症の場合、学童保育から帰宅した夜や、仕事が休みの土日、家族は大変です。

ゆうきは家の中にじっとしている子ではありませんでした。鍵をかけていても開けて出ていこうとするので、本人が寝るまで母親の神経が休まらない状況でした。高学年になって落ち着く日を迎えるまで、外に出たがるゆうきを連れ出し、散歩することが家族の日課でした（学童保育でも）。高学年になっても全く飛び出しがなくなったわけではありません。母親の負担を感じ取って出来たのが学生ボランティアチームでした。一緒に散歩したり、一緒に出かけたり、ゆうきの社会参加の練習と、家族の「負担軽減」を図った取り組みのひとつでした。

里親制度の中では、「SOSを出せるのは里親の力量の一部だ」とまで養育指針で述べています。さらに「養育がこれでよいのか悩むことや思案することは、養育者としてよりよい養育を目指すからこそであり、恥ずべきことではない」と綴られています。里親に限らず、長期にわたり我慢しながらの子育てを続けるのは、親・子にとって不幸です。まずは「ふたをする」のではなく、「開く」ことが大事だと思います。ふたをしながら我慢の子育てをしていると、虐待にまで行きかねません。「開く」「つなぐ」を合言葉に家族支援は進めたいものです。

働きながら子育てする保護者にとって「何かあった時、相談できる存在、一緒に考えてくれる存在」として親仲間や指導員が存在することは、とても大きな支えになります。そんな関係性があったからこそ救われた一人の子どもがいました。

ある年の正月明けのこと。「子供家庭支援センター」から「小学六年生の男児の母親（ひとり親）が三カ月入院することになったのだが、この子の強い願いでもあり、今在学する小学校で卒業式を迎えさせてあげたい。ついては、この地域の里親家庭でこの子を受けてくれるところはないだろうか」という連絡が入りました。残念なことに当時、電車通学できる範囲も含めて、受けることのできる家庭がなかったのです。この時です。ある母親から「子供家庭支援センター」に連絡があったというのです。それは「○○君のお母さんのことを聞きました。うちの子は、○○君とがくどうでもずっと一緒に遊んでいた学童仲間です。うちでよければ、卒業までの期間預からせていただきたい」という内容だったといいます。このことで、この子は無事卒業式を迎えられたとのことでした。

楽しいと共感しあえる時間がその子の明日につながります。気持ちを聴いてもらえる大人がいることで支えられます。そして自分は認められている、必要とされていると実感できることで回復力を付け、生きていけるのです。

これは、いろいろ抱えている親にも当てはまるものです。学童保育はそんな時空間になりえるところです。

第7章

こういう時代だからこそ、学童保育が

1. 放課後に登場したあらたな施策

子どもたちが置かれている状況について、九〇年代にはいわゆる三間（時間・空間・仲間）が奪われている状況が多く語られ指摘されてきました。そうした状況に入り込んできたゲーム文化（液晶やカード）は瞬く間に広がり、子どもたちの遊び文化を大きく変えていきました。不審者対策もあいまって、規制の多い公園からは子どもの声が消え、多人数でやる球技類やスポーツ系は「習い事」のひとつに特化され、遊びが室内化・少数化していきました。

この状況を憂う声はやがて、「放課後問題は留守家庭児だけの問題ではない」として、すべての児童の安全安心の「居場所」作りが社会的課題となりました。この結果台頭してきたのが、大都市中心に展開された自治体独自の「学校施設を使っての全児童を対象とした放課後事業」でした。二〇〇〇年代に入ってからキャパシティーがパンクするほどの学童保育のニーズが高まりを見せる中、二〇〇七年「放課後子ども教室事業」と学童保育事業を「一体的あるいは連携して推進しなさい」という国レベルの「放課後子どもプラン」が登場してくるのです。二〇一四年には「放課後子ども総合プラン」と称し、リニューアルした形で再び二つの事業の連携が全国に通知されました。

2.「分け隔てしない」施策は、ていねいなかかわりを極めて困難にした

目的も役割も違う「放課後子ども教室事業」や「遊び場提供の全児童対策事業」と学童保育事業を一体化した自治体では、「留守家庭の児童もそうでない児童も、小学生に変わりはない」と「分け隔てしない」ことを第一義に、ていねいな生活づくりを重ねていた学童保育事業に規制の手を加えました。「小学生に変わりはないのだから」として一体化した事業では、子どもたちの差異にあえてふたをしました。毎日の「生活の場」として帰ってくる子どもと、「放課後の遊び場として、選択肢の一つとして利用する」子どもで、違いがあるにもかかわらずです。

遊び場・活動の場を提供するだけの事業と違い、学童保育には働く親を持つ子の放課後生活の継続的保障・生活支援という役割があります。

今日、一人親家庭の増大のみならず、「発達障害」の子どもが増えている状況や、子どもの貧困・養育の困難が拡がる中、学童保育にはこれまで以上に子どもの成育歴や家族関係も把握した上でのていねいなかかわりと、家族支援の視座が求められています。一人ひとりがどういう子どもなのかを理解し、その子の気持ちを受け止め、「明日も楽しみにして来るね」と子どもの意思で通って来られる人間関係を紡ぎ、その子その子の生活を支えていくことがますます大事にされなければならない状況が拡がっているのです。

福祉としての学童保育は、福祉の視点から必要とする子どもたちすべてに保障され、貧困・養育困難家庭を支える役割を担えなくてはいけません。その子その子に見合った援助の手立てを尽くしていく、言わばソーシャルワークの基本である「個別化」と、寄り添うかかわりが求められていると思います。「分け隔てをしない一体化事業」は誰に対してもていねいにかかわることにはならず、現場ではていねいにかかわることをしない・させない事業になっています。

私が働いていた東京都の区では、職員削減の大命題のために児童館と学童保育の一体化を図り、学童保育機能を徹底的に薄めた上で、「放課後子どもプラン」を先取りしたかたちの全児童対策事業を導入しました。定員のない、大規模化した固定しない大集団を前にして、「保育よりも安全第一」に敷かれた運営体制では子どもとていねいなかかわりを持つことも、連絡帳で生活を伝えることも困難を極めました。区の管理者が「保育の時代は終わった。サービスは低下したのではない。サービスの対象をひろげ、変化させたのだ」と当時言っていたことを思い出します。しかし、子どもの生活も指導員のまなざしも、かかわりも伝わってこない事業では、子どもを参加させていても、保護者には「安全な公園」を利用する感覚でしかなく、保護者と指導員のあいだに信頼関係を紡ぐこともできないままお互いの関係性はフェードアウトしていくのでした。

放課後子ども教室事業は、「教育的活動」という色合いが濃いこともあり、保護者に促された低学年は参加しても、高学年の参加はほとんどないのが現状です。先に記した放課後事情から、高学年児童も対象にスタートした全児童対策事業でしたが、迎えるスタッフに一人ひとりを受け止め、共感しあう関係性をつくっていこうとする姿勢がなければ子どもの居場所にはならないことを事実が証明しました。〈居場所〉はよく使われる言葉ですが、自分のことをいつも気にかけてくれて、声をかけてくれる指導員や仲間の存在を感じ、安心を実感できる場でなければ居場所にはなりません。そうした人と人とのつながりを子どもにも大人にも紡いでいくことこそ求められている時代なのに、その点が大切にできないでいる放課後事業の現場を変えていくことは家族支援の視点からも喫緊の大きな課題です。

3. もうひとつの課題

都内では、同じ小学校施設内に二つの事業を併存し、「学童保育登録」と「一般登録」とに分け、保育料を徴収しているところが多いのですが、学年があがるにつれてお金のかかる学童保育登録から、お金のかからない一般登録へと移行する児童が毎年出ていると聞きます。平均して五千円ほどの保育料ですが、家庭によっては安くありません。減免制度があっても生活保護世帯ないしは住民税非課税世帯を対象にしたものですから、ボーダーラインで経済的に厳しい家庭は学童保育を離れていくのです。ちなみに生活保護は受けていないけれど生活保護基準以下で生計を立てている世帯は、実に多いのです。この層への支援がほんとうに弱いし、課題です。もちろん経済的問題だけではありません。大規模化したことで、指導員のかかわりが薄くなり、その結果子ども自身の所属意識も薄くなり、やめていくという構図もあるようです。

児童館や全児童対策の放課後事業に顔を出しているならまだしも、やがてそこにも行かなくなってしまう子がいるのではと思うと、せつなくなってしまいます。

今の全児童対策事業は、保育料もかからず、利用しやすいという面があるにせよ、一人ひとりの子どもに寄り添い、その子の置かれた状況に援助の手を差し出すことは、指導員が学童保育の視座を持って目配り気配りを徹底しない限りとても困難です。「全児童対策事業の方が保育料がかからなくていい」という声も、学童保育の保育料が免除され、希望する誰もが利用できるようになれば出ない声です。また「全児童対策事業と学童保育に違いを感じない」という声があることも事実ですが、これは、学童保育の機能がそれだけ薄められ、指導員の仕事に規制がかけられた結果ですから、あらためて学童保育指導員の仕事とはどんなものか、引き続き示し続けていかなくてはいけません。

いずれにせよ、対象を広げても「安全保護」だけの事業内容では学童保育の代わりにはなりません。「必要な子どもに必要な援助ができてこそ、すべての子どもの生活保障になるのだ」と声を大にして訴えたいところです。

4. さらなる不利が重なる現実

学童保育に籍を置き、指導員に受け止められ、声をかけあう関係に身を置いていた方がいいと思う子ほど、厳しい環境のなかで、学童保育に通えないでいる現実があります。

全国学童保育連絡協議会が発刊している『日本の学童ほいく』誌の二〇一二年一二月号に特集で「子どもの貧困」が取り上げられました。そこで当時の沖縄県学童保育連絡協議会会長の知花さんが「貧困問題は学童保育の最重要課題」と題して書かれていました。

経済的問題で学童保育に入所させたくても入所できない子どもがたくさんいる沖縄の現実を、誌面で訴えていました。沖縄だけの話ではありません。二〇〇九年に行われた国民生活センター「学童保育サービスの環境整備に関する研究会」の調査でも、年度途中で退所していった家庭には、保育料が負担で退所に至ったという家庭が多くあることが判りました。埼玉県の指導員河野伸枝さんも二〇〇九年の『子どもの貧困白書』（明石書店）で保育料を理由に退所していった子どもたちの現実を訴え、社会に向けて代弁しています。

家庭の経済的困難を抱えた子が、放課後の居場所をも失っていくという不利の連鎖はなんとしても防いでいかなければなりません。保育料を免除できる仕組みを行政の補助金アップで作っていくことが喫緊の課題です。

子どもの貧困がマスコミ等で報道され注目され始めたのは二〇〇六年以降ですが、大阪学童保育連絡協議会が制作した映画「ランドセルゆれて」（二〇〇三年度作品、映画の原案は『学童保育指導員ドド先生物語』高文研）には、すでに子どもの貧困問題が描かれていました。父親が借金を残して失踪、残された若い母親と二人暮らしのダイキの話がこの映画の一つの柱になっています。借金取りが来るからと真っ暗な部屋でコンビニ弁当を一人で食べるダイキの姿が映し出されます。夜も働く母親には頼れる親族もなく、保育料も滞っていくのです。映画はこの親子が学童保育を退所しなくて済むように父母会で力をあわせてバザーに取り組むシーンで幕となります。

私が働いていた全児童対策事業の現場でも、家庭の問題を抱える子どもたちと出会いました。

りさ（六年生）は父母と三人暮らしでしたが、母親が精神を患っていて父親が派遣の仕事をしながら母子を支えていました。りさは当時、下校となってもまっすぐ帰宅する気になれず、毎日のように「すまいるスクール」（全児童対策事業の名称）に顔を出しては私とだべったり、卓球をやりたがる子でした。下学年の子どもたちから「お姉ちゃん」と慕われていた子でした。しかし、登録をしていない子だったので、安全保険の手続きもしておかなければとの思いで登録申請書を持たせるのですが、母親にも父親にも気を使い申請書を親のまえで出すこともしなかったのです。後で父親から聞いた話です。家に帰れば母親に代わって夕食の支度をする健気なりさは、母親をかばい、父親を大好きという子でした。彼女は卒業するまで毎日「すまいる」に顔をだしては宿題を終わらせ、下学年の子にまじってSけんに燃え、「今日も楽しかった」と口癖のように言っては帰宅する日々を送りました。彼女にとって放課後の時間はエネルギーの充電タイムのようでした。中学に入ってから母親のうつも軽減、元気に通学していました。

＊私は、この全児童対策事業のなかで、とことん学童保育の視座にこだわり、関わっていたことを追記しておきます。

5. 求められる家族支援を実践していくには

私は、勤めていた区で、公設公営の学童保育が廃止され、いわゆる「全児童対策事業」へと舵を切られた二〇〇三年から「全児童対策事業では学童保育の役割は果たせない」と声をあげてきました。二〇〇七年、学童保育事業と放課後子ども教室事業を「一体的あるいは連携して」推進せよと打ち出された「放課後子どもプラン」には、自らの体験を踏まえ、拙著『放課後の居場所を考える』(二〇〇七年、岩波ブックレット)で一体化の問題点を指摘してきました。その後、全国の学童保育関係者が挙げた「一体化反対」の声は、一体化の拡がりを抑えてきたのです。そして、二〇一五年度にスタートした新たな「放課後子ども総合プラン」について厚生労働省は、学童保育事業と放課後子ども教室事業を併存させるいわば「一体型」は進めるものの、両事業の「部屋も指導員も子どもも一緒くたにする一体化」では学童保育の役割は果たせない、「学童保育の生活の場としての機能を十分担保することが重要」と説明するに至りました。

しかし、大都市圏では、これでいいの？　と思わせる実態が今もなお横たわっています。学童保育の役割が果たせない事業展開は、まだまだ課題山積の状態です。

学童キャンプで川遊び中の著者。40代。

おわりに

癌で亡くなった妻がかつて働いていた児童養護施設に学習ボランティアで出入りしていた私は、そこで「施設に来る前、学童に行ってた」という子どもたちと出会いました。児童相談所に勤めていた当時、学童保育在籍児にかかわる事例は毎月のようにあがっていました。都内では全児童対策事業参加者や児童館来館者の事例もあがっていました。

指導員現役時代、ひとり親家庭で実に頭の下がる子育てをしている姿を何人も見てきましたし、働きながら子育てする保護者同士がつながり、「みんなで一緒にこの子たちを育てていこう」と意識しあえる学童保育では児童虐待のリスクは低いと思っていました。しかし、今日の、保護者のつながりが薄く、できるだけ集まるのは減らして父母会活動をスリム化していきましょうという状況下では、学童保育に来ている子どもたちの家庭も例外ではなくなってきたということです。人とつながっていれば少なくとも深刻な事態は回避できますが、人とつながらなくなると、ネグレクトなどに至るリスク要因になります。

児童相談所にかかる事例で保護に至るのはわずかです。多くの子どもは助言・指導・援助を受ける実親とともに、引き続き地域の中で暮らしているのです。だからこそ常に学童保育指導員も当事者意識をもって取り組んでいかなければと思うのです。今まで各地で確認しあってきた学童保育の役割をしっかり果たすことができれば子どもの生命も権利も守ることはできるはずです。

指導員ができること、しなくてはいけないことは、これまで述べてきたように、一人ひとりが学童保育に継続して通い続けられるよう、安心できる人間関係と「その子その子のやる気を引き出す」生活を一緒に創り上げていくことです。さりげなく隣に居て、心に寄り添うことです。「変化」をキャッチできる感性をもって向き合うことです。毎日通ってこなければ、その子の「変化」も、SOSもキャッチすることもできません。子どもは、いつも声を掛けてくれて、つらさにも気づいてくれて、話を聴いてくれる大人を求めています。そこから、満たされなかったものを埋めていくかかわりができていくのではないでしょうか。そのためにも、一人ひとりと向き合えるだけの適正規模と、信頼関係が結べる指導員の継続性は絶対に欠くことのできない必要条件なのです。そういった条件整備もなく、「来るも来ないもその子の勝手」「行きたいときだけ利用する遊び場・活動の場」という全児童対策事業では、学童保育のような信頼関係はできません。だから、「保育料がかからないから全児童へ」という構図にならないよう、とりわけ「要保護性の高い、気になる子」は親と生活を伝えあうことを指導員の大切な仕事と位置付けている学童保育、ていねいな受け止めと家族支援を視座に持つ学童保育に在籍できるよう、関係機関で連携してつなぐべきです。

その子の家庭状況を含めた多様性、個別性を考慮しつつ、一人ひとりの子どもを理解し、その子にあった援助の手立てを尽くしていくといったケアを、仕事として位置付けているかいないか、二つの事業は目的も役割も違うのです。

教育費の三一％を家庭の負担とする日本。この数値はＯＥＣＤの国際比較でも三番目に高いのです。「子どもの貧困対策」が課題になっている今日、せめて教育・福祉領域は公的に負担されてしかるべきです。生活が困窮してくると、社会的な手続きも滞りがちになります。学童保育でいえば、入所申請もできない家庭もあります。繰り返しになりますが、だから年度末に保育園と学校と学童保育の関係者会議を開いて、新年度入学児童の状況を把握した上で、必要な家庭には働きかけていく必要があります。

周りの力を借りながら子育てしていく、その具体的なひとつに学童保育があることを伝えていくことが大事です。それが孤立の子育てを防ぐ第一歩です。

一人ひとりがどういうサポートならできるのか、支えあう関係を創っていくことを自らの課題として考えていただければと思います。

最後に再度お伝えしたいこと、それは、一人でもいい、その子その子に「この人なら受け止めてくれる。この人となら話したい、聴いてもらいたい」と思ってもらえる大人がいれば、その子は救われます。そういう存在になりうるポジションにいるのが学童保育指導員だと思います。

どの子ども・どの保護者もが笑顔とあたたかいまなざしで暮らし続けていけることを願う一人としてお伝えさせていただきました。

虐待になるまえに、学校・保育園・学童保育で何ができるのか。何をすることが子ども・保護者を支えることになるのか、当事者意識をもって考えて頂く機会になればと願ってやみません。

＊　＊　＊

巻末に「指導員の仕事・自己振り返りシート」を添付しました。

これは、私が大学で学生に講義する中で、学童保育指導員の仕事内容を具体的に示すために作成したものです。

子どもたちのより良い放課後生活を営んでいく上で、家族支援をしていく上で、指導員に求められている仕事・役割ができているかを振り返る際に活用して頂ければ幸いです。

もちろん、このシートは私案で、学童保育指導員の仕事が網羅されているわけではありません。

今後、このシートにそれぞれの学童保育で補っていっていただき、各職場ごとの振り返りシートが作成され、仕事のさらなる充実につながっていけばと願っています。

あとがき

一冊目の岩波ブックレット発刊から一六年が経ちました。当時、私が勤めていた学童保育クラブの在籍児の保護者の中に岩波書店編集部に勤めるお母さんが居て、「しも、学童保育への思いを本に書いてみない?」と勧められたのがきっかけでした。今回は、今から三年前の指導員学校で私の講演を聞いてくださった高文研の飯塚さんから進められて書かせていただきました。

いずれも、私の学童保育における子どもや保護者への関り、その姿勢に触れ、見聞きされたお二人との接点が執筆の機会に結び付いたのです。

私も七〇歳を前にして、これまで語り綴ってきたものを整理し、全国の学童保育を支えてくださっている現役指導員に伝えておきたいとの思いを持っていました。それだけにその機会を与えてくださった飯塚さんにまず感謝を申し上げます。そして、毎年三多摩学童保育フォーラム(研究集会)でお世話になっている妹尾さんには、この本を発刊するにあたって装丁にご尽力いただきました。ありがとうございました。

最後に、この本が、多くの指導員さんの励みとなり、学童保育のさらなる充実につながればと願ってやみません。

二〇一八年五月

下浦忠治

【付録】 2017・5

指導員の仕事　自己振り返りシート（私案）

東京成徳大学子ども学部非常勤講師　下浦忠治

◆ このシートは、指導員として日ごろの実践をふり返り、自分自身の気づきを得て、子ども及び保護者・同僚との関係性をより良くしていく上での一助になればとの思いから作成したものである。

◆ 子ども・保護者・同僚と関わっていく上で、「何が求められているのか？」を一緒に考えるコンサルテーション的かかわりを持つ際にひとつのツールとして使えるものである。

◆ 客観的な評価の基準は、評価する立場の個人によって左右されるものではなく、「子どもの福祉実現と家族支援のために、指導員にはどういう力量と対応が求められるのか」という普遍的視点をおさえたものでなくてはいけない。

◆ 「求められる役割」は子どものウエルビーイングと権利擁護実現、保護者の子育てを支援していく上で、指導員が自覚しなければいけない「職業倫理」でもある。

1．学童保育所入所に関わって

保護者への情報提供	1	適切な時期に入所説明会を開催している。	
	2	入所申請予定の保護者・子どもの見学を受け入れている。	
	3	入所予定の保護者とは個人面談をやり、入所児童の把握に努めている。	
	4	学童保育所の生活について、入会のしおりでわかりやすく説明している。	
学校へ	1	入所する児童の名簿・年間計画・育成方針等を手渡している。	
	2	特に配慮を必要とする児童については、保育園からの情報を得て共有している。	
	3	４月当初は１年生の迎えに来ることを伝え、学童保育所までの引率をしている。	

2．子ども理解と育成支援に関わって

子どもの安心安全	1	子どもの心身の状態を日常的に把握している。　＊アレルギー対応	
	2	子どもが安心安全に生活できるように指導員全員で最大限の配慮をしている。	
	3	ハザードの除去に努めている。	
	4	通学路、帰宅路について熟知し、危険な場所については子どもたちに注意を呼びかけている。	
	5	子ども自身が危険を回避できるように、日頃から「何が危ないのか」を話している。	
	6	ケガをしたときの応急処置や連絡体制を周知徹底している。	
	7	緊急事態に備え、避難経路と点呼・引率など役割分担を明示している。	

	8	年間通して、何回か避難訓練を行っている。　＊不審者対応も	
	9	子どもが見通しを持って過ごせるように、生活を組み立てている。	
子どもへの声かけ働きかけ	1	子どもたちが生活の目当てが持てるように、一人一人に声をかけ、働きかけている。	
	2	一人一人にやりたい遊びが定着していくように、遊びへの誘いかけをしている。	
	3	子どもたちが主体的に遊びを展開できるように、年間通して多様な遊びを提示している。	
	4	「楽しかったね、また明日もね」と言える子ども同士の関係が紡がれるよう配慮している。	
	5	子どもの人間関係には常に留意し、仲間意識・所属意識が持てるよう声かけをしている。	
	6	トラブった時は、子ども同士で話し合える場を設けている。	
	7	何がいけなかったのかを、子ども自身が気づけるように話し合いをしている。	
	8	休みがちな子がいれば、保護者とも連絡を取り合い、その理由の解決に努めている。	
子どもの声を聴く	1	子どもたちが自分の気持を吐き出せるような距離感・「雰囲気」を大事にしている。	
	2	「つまらない、学童来たくない」という子が居れば、その理由を聴き取り、一緒に考えている	
	3	評価者ではなく、共感しながら聴くことを心がけている。	
	4	子どもの声については、指導員全体で共有している。	
	5	聴きっぱなしにしないで、記録にも記載し、適切に対応している。	
接する姿勢・態度	1	できるだけ笑顔で話し、笑顔で受け止めるよう留意している。	
	2	トラブルから逃げないで、子どもの話をしっかり聴くようにしている。見て見ぬふりをしない。一人一人の人格を尊重し、ひとりたりともないがしろにしない。	
	3	子ども同士の人間関係を指導員チームとして把握し、適切な調整ができている。	
	4	トラブルについては、解決するまで子どもたちと話し合っている。	
	5	叱るより褒めることを意識している。暴力・恫喝はもってのほか。	
遊びへのかかわり	1	我慢しながら過ごすことのないように、子どもたちに適切に声かけ・働きかけをしている。	
	2	一人一人がやりたい遊びに熱中できるよう、場の調整・時間の調整をしている。	
	3	遊びの中に入って、子どもたちと共感できる関わりをしている。	
	4	プレイワーカーとして、遊びの導入ができている。(遊びのレパートリーを持っている)	
	5	かかわりあって遊べるように、時には率先して集団遊びを仕掛け、リードしている。	
	6	子どもたちだけでも遊びが展開できるよう、引き際を心得ている。自主性・自発性の尊重。	
	7	年間通して、子どもが四季折々に生活を楽しめるよう、行事・取り組みを企画している。	
困り感変化の気づき	1	子どもの「困り感」を無視しないで、「どうした？」と心の内なる声を聴くようにしている。	
	2	子どもが吐露できるように、日頃から遊びに入りながら目配り気配りをしている。	
	3	つらい気持を表現できない子もいることを承知した上で、目配り気配りしている。	
	4	要支援の子どもについては、ライフストーリーを踏まえて、理解と対応に努めている。	
	5	気づくためにも、チームでの振り返りを大事にしている。	

3．保護者との信頼関係を紡いでいくことに関わって

生活の様子を	1	毎日、連絡帳に個々の子どもの様子を書いている。	
	2	伝えるためにも指導員の個人ノートを用意し、気になったことなどを記載している。	

伝える	3	連絡帳では伝わりにくい事柄については電話やお迎えの時に伝えるようにしている。	
	4	連絡帳で書いたこと・保護者から書かれてきたことについては全体で共有している。	
	5	個人記録に基づいて、個人面談を実施している。	
	6	保護者に学童保育所の様子を知ってもらう機会として親子行事を実施している。	
	7	保護者会では、生活の様子が見えるように資料・映像を使って視聴してもらっている。	
	8	保護者会(父母会)主催の行事や学習会には積極的に協力し参加している。	
相談に応じる	1	保護者に学童保育所の生活について気になること等があれば、申し出て欲しいと伝えている。	
	2	保護者からの苦情・相談については傾聴することを心がけている。(受容的対応)	
	3	保護者からの苦情・相談については全員で共有し、解決に向けた協議をしている。	
	4	いつでも相談に適切に応じられるよう、継続的に個人記録をつけている。	
	5	個人記録は、一人一人の生活の軌跡とともに、指導員の援助過程も記録している。	
	6	働きながらの子育てを共感的に理解できている。	
	7	孤立の子育てにならないよう、日頃から「一緒に育てていきましょう」と伝えている。	
	8	孤立の子育てにならないよう保護者を繋ぐ機会をつくっている(サロンとか)	
お知らせ・通信の作成	1	定期的に、月のお知らせとは別に通信を出している。	
	2	通信は、学童保育所での子どもたちの様子が見えるように書いている。	
	3	子どもたちの個人名を出している。	
	4	毎回、通信作成にあたっては指導員全体で記載内容を確認している。	
	5	通信作成にあたっては、順番に月担当を決めて取り組んでいる。	

4．指導員同士の関係づくり・より良いチームワークをめざして

振り返りの営み	1	毎日、ミーティングをやっている。	
	2	役割の確認と連絡事項だけに終わらせず、昨日の全体を共有するようにしている。	
	3	気になる子・要支援児童については、定期的に現状把握と対応について協議し、共有している	
	4	ミーティングは非常勤・パート・アルバイトを含め全員でやっている。	
	5	指導員一人一人が必ず発言するようにしている。	
	6	振り返りの時間を、子ども理解と指導員の関わりを検証する時間と位置づけている。	
	7	必ず、指導員各自が自分のノートを持ち、記録に残すようにしている。	
	8	子どもの「変」にチームで気づけるように常に意識している。	
相互理解と協働	1	毎日の振り返りミーティングとは別に、職場内研修をやっている。	
	2	チームの一員としての自覚のもと、他者の意見を受け止め、理解しようと努めている。	
	3	それぞれの持ち味を活かすようにチームとして考えている。	
	4	独りよがりな対応はしないという共通認識を持っている。	
	5	保護者からの連絡事項については(早退・欠席等)ボードで共有している。	
	6	指導員の役割分担・ポジショニングをボードで掲示し、指導員の動きを共有している。	
	7	指導員の相互理解と親睦を深めるため、親睦会には参加している。	
勤務態度	1	指導員としての自覚のもと、子ども・保護者。同僚への言葉遣いに留意している。	
	2	子ども・保護者に対して、より良い対応をしていこうと積極的に自己研鑽に努めている。	

	3	報告・連絡・相談を怠らずできている。	
	4	社会的信頼関係を構築していくためにも、出勤時の服装には気をつけている。	
	5	体調管理に努め、勤務日は遅刻欠勤することなく出勤している。	
	6	近隣住民とも挨拶ができている。	

5．学童保育の理解と学びの姿勢に関わって

仕事の理解	1	学童保育が果たす社会的役割が理解できている。	
	2	運営指針の内容に沿って指導員の仕事役割が理解できている	
研修参加	1	県連協・行政・指導員会が主催する研修に積極的に参加している。	
	2	資質を高めていくことが求められる職務であることを理解している。	
指導員会参加	1	指導員会に参加して実践の振り返りと検証を行っている。	
	2	他の学童保育所の実践から学ぶ姿勢を持っている。	
	3	指導員仲間として交流する機会には参加するようにしている。	

6．保育園・学校との連携・アプローチ

保育園と連携	1	学童保育所の情報を適時提供している。	
	2	入所時期を見据えて、年長クラス担当の職員と会議を持っている。	
	3	年長クラスの園児と学童保育所の交流をしている。（見学・遊ぶ会・行事参観など）	
学校と連携	1	年度当初に児童名簿及び年間計画・保育指針等を手渡している。	
	2	学年便り、学級通信と学童保育所のお便り、通信の交換をしている。	
	3	定期的に担任教諭と懇談会を持っている。	
	4	個別児童を巡る連絡・相談体制ができている。（虐待事案への対応・関係者会議の開催）	
	5	要保護児童地域対策協議会に出席している。	
	6	学校の行事や授業参観に行っている。	

7．施設環境・生活環境に関わって

生活環境の整備	1	安全かつ衛生的な生活環境であるように日々目配りしている。	
	2	子どもたちが生活する部屋については危険がないか日々チェックしている。	
	3	体調を崩したときに、静養できるスペースを確保している。	
整備の工夫と努力	1	多様な室内遊びができるよう工夫している。（椅子・テーブルの片付けなど）	
	2	外遊びを保障すべく、場の確保に努力している　（校庭・体育館・公園などで遊べるように）	
	3	校内にあるところでは、学校やクラブチームと話し合いを持っている。	
	4	宿題に取り組める環境（時間と場所）の確保に努めている。	

下浦忠治（しもうら・ちゅうじ）
1950年奈良県吉野郡に生まれる。1974年から東京都品川区で指導員として学童保育に携わる。2009年3月退職後、日本社会事業大学専門職大学院でソーシャルワークを学び、卒業と同時に同大学院で「学童保育とソーシャルワーク」を2014年3月まで開講。2010年4月から2015年10月65歳まで社会福祉士として東京都の児童相談所に勤務。養育家庭専門員として里親里子の支援に携わる。2011年4月より現在まで東京成徳大学子ども学部で「子育て支援特論」「子ども問題研究」の科目を非常勤講師として担当。2015年10月より現在まで放課後児童支援員認定資格研修の講師を1都7県で担当。1996年より13年間全国学童保育連絡協議会副会長。1990年より現在まで全国各地で行政研修や研究集会の講師を務める。
著書『児童館と学童保育の関係を問う』（共著、萌文社）、『学童保育指導員』（共著、大月書店）、『学童保育ー子どもたちの生活の場』（単著、岩波ブックレット）、『放課後の居場所を考えるー学童保育と放課後子どもプラン』（単著、岩波ブックレット）、『子ども家庭支援とソーシャルワーク』（共著、福村出版）、『日本の学童ほいく』誌2013年10月号〜2014年3月号において「子ども・子育てを支える学童保育の社会的役割」を連載。

どの子も笑顔で居られるために
――学童保育と家族支援

● 2018年6月17日―――――第1刷発行

編著者／**下浦 忠治**
発行所／株式会社 **高 文 研**
東京都千代田区猿楽町2－1－8　〒101-0064
TEL 03-3295-3415　振替 00160-6-18956
http://www.koubunken.co.jp
印刷・製本／モリモト印刷株式会社
★乱丁・落丁本は送料当社負担でお取り替えします。

ISBN978-4-87498-651-6　C0037

そこが知りたい学童保育ブックレットシリーズ1

学童保育に作業療法士がやって来た

【編著者】

糸山 智栄（岡山県学童保育連絡協議会会長）

小林 隆司（首都大学東京大学院人間健康科学研究科作業療法科学域教授）

本体価格 1,200円　A5判 94頁

子どもの困った行動には理由がある。作業療法士ならではの“視点”で、普段は見えなかった子どもたちの悩みや見せない側面などが見えて子どもたちが変わる、親も教師も変わる！ 教育界がいま注目する作業療法士と学童保育の現場を実践報告。

◎表示価格は税抜価格です。別途消費税が掛かります。